Zuzana Poórová
Stanislav Tóth
Zuzana Vranayová

Telhado verde - integração do ambiente artificial e natural

Zuzana Poórová
Stanislav Tóth
Zuzana Vranayová

Telhado verde - integração do ambiente artificial e natural

Qualidades de retenção de água dos telhados verdes

ScienciaScripts

Cover image: www.ingimage.com

This book is a translation from the original published under ISBN 978-3-659-84635-9.

Publisher:
Sciencia Scripts
is a trademark of
Dodo Books Indian Ocean Ltd. and OmniScriptum S.R.L publishing group

120 High Road, East Finchley, London, N2 9ED, United Kingdom
Str. Armeneasca 28/1, office 1, Chisinau MD-2012, Republic of Moldova, Europe
Printed at: see last page
ISBN: 978-620-8-29823-4

Conteúdo

Reconhecimento

Este trabalho foi apoiado por: VEGA 1/0202/15 Gestão Sustentável e Segura da Água em Edifícios do 3º. Milénio.

"Os meus sinceros agradecimentos a Zuzana e Daniela pela orientação construtiva, apoio constante e amizade." Zuzana

Resumo

Queremos acreditar que os seres humanos não são a principal causa do atual aquecimento global e das alterações climáticas. É o sol a ficar mais brilhante, o planeta a receber cada vez mais energia e a aquecer. A questão é se o domínio do homem sobre a natureza causou isto e o que se pode fazer. Será isto temporário, será isto real, será isto causado pela falta de natureza, falta de água, ou será isto realmente causado pelas actividades humanas. A Terra e a natureza sempre encontraram a sua própria maneira de resolver os problemas que se impõem. O tempo, o clima, a água, a terra, a população, a alimentação. A questão é saber como é que a Terra vai resolver estes problemas agora e o que é que isso vai significar para os seres humanos. Estamos a debater-nos com muitas questões. Este trabalho é sobre os telhados verdes, a sua posição parcial como natureza na cidade e a sua posição na vida quotidiana dos seres humanos. Este trabalho é sobre a água e os seres humanos. Os telhados verdes representam o verde em termos de integração benigna do natural e do artificial e o verde em termos de ferramenta para resolver problemas de retenção de água. O trabalho apresenta o procedimento pretendido para cumprir a visão MEANDER.

Introdução

Esta obra aborda o conhecimento académico e prático contemporâneo da ferramenta ecológica atual - os telhados verdes. A comunidade da arquitetura e da engenharia civil está a mostrar interesse em resolver os problemas ecológicos actuais. A conceção e construção de telhados verdes, a implementação de políticas verdes, a interação humana nos locais onde vivem. As alterações climáticas causadas pela atividade humana são as principais razões da atualidade destas questões. O tema principal deste trabalho é a cobertura verde.

O capítulo "História Verde" descreve os principais problemas ecológicos e as formas tradicionais de se tornar verde no passado.

O capítulo "Presente Verde" descreve as formas e possibilidades contemporâneas de construir edifícios e cidades verdes nos dias de hoje. O capítulo apresenta opções para tornar um edifício oficialmente verde.

O capítulo "Possibilidades Verdes" descreve dois grandes instrumentos da estratégia contemporânea de conceção verde, as coberturas e as paredes, com ênfase na cobertura verde.

O capítulo Caraterísticas verdes está dividido em duas partes principais: benefícios para as pessoas e benefícios para os edifícios. Ambos os problemas são explicados sobre o telhado verde e o seu efeito no edifício e nas pessoas que nele vivem.

O capítulo "Construído Verde" apresenta alguns exemplos de edifícios construídos com cobertura verde. Os exemplos mostram diferentes possibilidades de coberturas verdes, pequenas, grandes, extensas e intensivas, da Europa, Ásia e América.

O capítulo "Green in Law" descreve as políticas das cidades que têm uma lei sobre telhados verdes. Esta parte do trabalho menciona a ideia de uma lei de retenção de água.

O capítulo azul apresenta a teoria das coberturas verdes com qualidades de gestão da água e as suas possibilidades futuras.

O capítulo sobre a visão do Meander descreve as visões e o trabalho futuro.

Capítulo 1. História Verde

"Misericórdia, misericórdia de mim. Ah, as coisas não são mais o que costumavam ser. Para onde foi todo aquele céu azul? Veneno no vento que sopra do norte e do sul e do leste. Ah, as coisas já não são o que eram. Petróleo desperdiçado no oceano e nos nossos mares, peixe cheio de mercúrio. Ah, as coisas já não são o que eram. Radiação debaixo da terra e no céu. Animais e pássaros que vivem perto estão a morrer. Ah, as coisas já não são o que eram. E esta terra sobrepovoada. Quanto mais abusos do homem pode ela suportar?" Marvin Gaye

1.1 Ecologia

Atualmente, muitas comunidades estão a inventar e a formular questões de sustentabilidade. Melhorar a qualidade de vida é um objetivo que as pessoas querem alcançar. As alterações climáticas causadas pela atividade humana são as principais razões para estas questões. Os seres humanos, juntamente com tudo o que existe no planeta, pertencem ao sistema terrestre. No entanto, os seres humanos desenvolveram, ao longo do tempo, a capacidade de afetar drasticamente, ou mesmo de destruir completamente, o sistema terrestre. Os seres humanos são arrogantes, certos de que são responsáveis por todos os problemas da Terra.

Os humanos são tão poderosos, tão inteligentes. O nosso estatuto aproxima-se da nossa capacidade de perturbar os climas. Porque não compararmo-nos a Zeus ou a Poseidon? O clima está a aquecer e sabemos que o inferno é quente. Os humanos trouxeram o mal, será que podemos descobrir como trazer o bem como forma de redenção para regressar à tranquilidade do passado (Ocko, 2013)?

1.1.1 Le Corbusier

Somos, sem dúvida, responsáveis por modificações na paisagem, com exceção de certos desertos, altas montanhas e regiões de tundra que pouco nos interessam. Cada modificação implica a destruição da vegetação local, afectando uma série de explorações agrícolas. O aumento global do dióxido de carbono é o resultado da atividade humana, principalmente nos países industrializados. Devemos ter em mente que todos os seres humanos, sejam eles ricos ou pobres, respiram a mesma quantidade de dióxido de carbono. A concentração de dióxido de carbono está a aumentar (McColley, 2010).

Trazer a natureza selvagem para a habitação urbana sempre foi uma comodidade muito desejada por muitos urbanistas e arquitectos. Le Corbusier projectou a Cidade Radiante, com edifícios colocados em pilotis, terrenos devolvidos à natureza, uma cidade no parque com muitas áreas verdes que representam o significado simbólico de as pessoas serem proprietárias de terrenos (Fig.1).

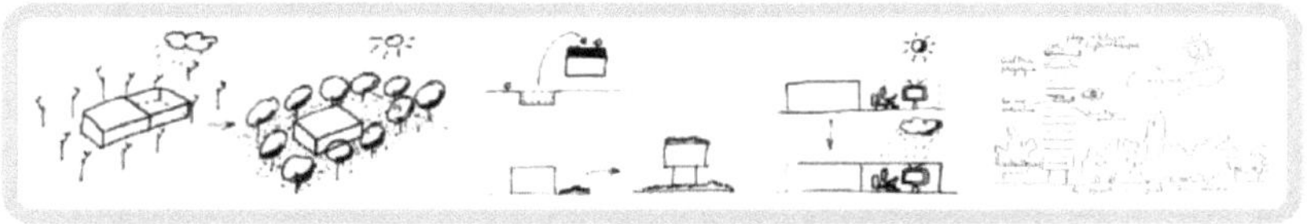

Fig. 1 Projeto de cidade de Le Corbusier

Muitos arquitectos e urbanistas apresentavam novas ideias para as cidades, algumas delas positivas, outras não. Para além de problemas como a sobrepopulação, a guerra, as ideias psicológicas de o homem ter a sua própria terra, estar perto da natureza, poder tocar na árvore, andar na relva é tão forte, que põe a zero todos os aspectos negativos de todos os projectos não tão bem sucedidos que tentam trazer o verde para a cidade. Hoje em dia, a natureza está a ser cada vez mais urbanizada e as cidades estão a ser consideradas mais naturais e mais habitáveis. Os telhados verdes são como ilhas no meio da cidade, ligando-se ao campo.

1.1.2 Hundertwasser

Friedenreich Hundertwasser, artista austríaco visionário e projetista de edifícios, nasceu em Viena em 1928. Começou a explorar os temas da ecologia e da liberdade pessoal como pintor no final da década de 1940. Só nos anos 80 é que, como artista e pensador influente, começou a dar vida às suas noções revolucionárias sob a forma de arquitetura. Hundertwasser envolveu-se com a arquitetura porque a criticava. Em 1959, como professor convidado em Hamburgo, denunciou a aridez da arquitetura moderna e ridicularizou a simetria usando meias de cores diferentes. Descreveu as linhas rectas, horizontais e verticais como *"a ferramenta do diabo"* e *"a base podre da nossa civilização condenada".* Denunciou as instituições profissionais de arquitetura porque não permitiam a prática por amadores. Isto, segundo ele, provava que a arquitetura não era uma arte, mas uma *"conspiração profissional"* (Yoneda, 2011).

Fig. 2 Projeto da cidade de Hundertwasser

Nasceu como Friedrich Stowasser, mas mudou o seu nome para Friedenreich "reino da liberdade" e Hundertwasser *"cem águas"* apenas para reivindicar as suas visões e objectivos que queria alcançar. Como pioneiro dos telhados verdes modernos, todos os edifícios de Hundertwasser têm alguns dos telhados verdes mais intensivos, cobertos de árvores, ervas e arbustos (Fig. 2). Quer estejam situados na cidade ou no campo. Alguns dos seus edifícios têm salas dedicadas às árvores no interior, onde os ramos e os galhos se estendem para o exterior através de aberturas na envolvente do edifício. Hundertwasser evitava as linhas rectas e os ângulos rectos, o que se reflecte nas suas estruturas curvilíneas e de formas irregulares que também apresentam pisos ondulados no interior (Yoneda, 2011).

1.1.3 Manual para a conceção de cidades verdes modernas

Ao elaborar os planos diretores, os urbanistas, arquitectos e designers devem ter em mente a colocação de zonas verdes, parques, jardins e locais de descanso nas cidades. Christian Norberg-Schulz, no seu livro Genius loci, afirma que*: "O homem habita quando consegue orientar-se e identificar-se com um ambiente ou, em suma, quando consegue sentir o ambiente com significado. Habitar implica, portanto, mais do que "abrigar-se". Implica que o espaço onde a vida ocorre é um lugar no verdadeiro sentido do mundo. Um lugar é um espaço que tem um carácter distinto"*

(Norberg-Schulz, 1991). Atualmente, o fator-chave para conceber um espaço com carácter distinto é a conceção de cidades saudáveis. Integrar a natureza na habitação, cobrir os edifícios com plantas, conceber e construir telhados vegetativos, paredes vivas, implementar políticas verdes, pessoas que interagem nos locais onde vivem, conceber edifícios polifuncionais que ofereçam muitas actividades diferentes, muito entretenimento (Fig. 3) para crianças, idosos, pessoas saudáveis, pessoas com distúrbios mentais, dando-lhes lugares livres, lugares escondidos para relaxar (Fig. 4), comer, fazer compras, beber, divertir-se, relaxar.

Fig. 3 Entretenimento

Os mesmos lugares, a uniformidade (Fig.5), as partes da cidade semelhantes podem ser mentalmente cansativas para as pessoas que vivem na cidade e podem, de facto, entorpecer o nosso pensamento e as nossas capacidades mentais. *"Não é por acaso que o Central Park fica no meio de Manhattan. Precisavam de lá pôr um parque."* (Lehrer, 2009). O ambiente exterior deve monitorizar constantemente as filas de trânsito e as filas de peões, concentrando-se no local para onde está a conduzir e no que vai ser o ponto final quando lá chegarmos. A cidade não pode ser igual em todo o lado. A natureza é uma ferramenta que deve ser utilizada neste *"jogo"*.

Fig. 4 Relaxamento

Um breve vislumbre da natureza, um olhar rápido para uma árvore, a possibilidade de tocar numa flor melhoram o desempenho do cérebro, proporcionando uma pausa cognitiva das exigências complexas da vida urbana (Lehrer, 2009).

O ambiente imediato pode provocar efeitos subconscientes. Positivos e negativos. Um olhar para um edifício ou para um objeto que se assemelhe a um animal, uma cobra, pode provocar uma reação de medo. Da mesma forma, um olhar para a natureza, plantas, flores pode causar um impacto subconsciente, quando o cérebro responde de forma positiva.

Fig. 5 Uniformidade

No trabalho, as pessoas precisam de concentrar a sua atenção em informações e tarefas cruciais. Na escola, os alunos e as crianças precisam de concentrar a sua atenção nas apresentações e no ensino. Comparando a retenção de memória em pessoas que visualizam cenas de baixo e alto fascínio em ambientes construídos e naturais, as pessoas que visualizam ambientes naturais têm um desempenho significativamente melhor. A adição de caraterísticas naturais melhora significativamente a atenção (Berto et al., 2010).

As estratégias passivas utilizadas em todo o mundo há séculos são uma resposta lógica e económica às condições ambientais do edifício. Por exemplo, a temperatura, a orientação e o vento na zona. Também se pode tirar partido da ortografia para regular termicamente os espaços interiores ou utilizar materiais com elevada massa térmica e capacidade de isolamento (Richards, 1998).

O arquiteto franco-suíço Philippe Rahm começou a fazer carreira imaginando ambientes arquitectónicos em que factores fundamentais, como o teor de oxigénio do ar, são modificados com o objetivo de alterar os estados físicos dos visitantes. O seu último projeto, intitulado Digestible Gulf Stream, é uma pequena residência em que um nível é mantido a 12°C e o outro a 28°C. Uma vez que estes são calculados como sendo os dois extremos considerados *"confortáveis"* pela maioria das pessoas. O autor defende que o ar condicionado, o aquecimento e outras formas de controlo ambiental arquitetónico são sistematicamente orientados para manter um conjunto de condições *"normais"* que poucas pessoas se dão ao trabalho de questionar, a menos que se sintam desconfortáveis. Afirma, pelo contrário, que é precisamente desafiando estas normas que a arquitetura pode enveredar por novas direcções, fundamentalmente relacionadas com a fisiologia. O arquiteto também experimenta a ideia de que substâncias comestíveis como a menta (Fig. 6) podem criar uma sensação de arrefecimento que não está relacionada com o conjunto habitual de máquinas de refrigeração que zumbem à vista e fora da mente em quase todos os edifícios modernos (Jodidio, 2009).

Fig. 6 Hortelã que cria refrigeração

1.2 Formas tradicionais de ser ecológico

Parece que os humanos são continuamente confrontados com a dualidade de como nos rodearmos de plantas mas sem deixarmos que se propaguem livremente. E, no entanto, é precisamente esta forma de liberdade do mundo vegetal que mais nos fascina. Atualmente, mais de metade da população humana vive em cidades. As imagens da agricultura só estão presentes na mente das pessoas que vivem em certas aldeias remotas ou esculpidas em topografias acidentadas.

1.2.1 Jardins suspensos

A integração da natureza na habitação é aplicada há milhares de anos. As cidades e os edifícios de todo o mundo têm sido cobertos de verde desde os tempos antigos para manter o equilíbrio entre o ambiente artificial e o natural. Os Jardins Suspensos da Babilónia são o primeiro exemplo. Diz-se que o rei construiu os jardins com vários terraços para a sua rainha Amyitis, que tinha saudades das colinas verdes, dos vales e do terreno montanhoso da sua terra natal. Espécies de plantas de todo o mundo, engenharia hidráulica, paisagem exuberante e bem construída eram as principais caraterísticas dos Jardins Suspensos (Heffernan, 2013).

1.2.2 Tectos de relva

A inspiração original para os telhados verdes contemporâneos, tal como os conhecemos atualmente, veio da Escandinávia. Os telhados e paredes de relva são utilizados nesta região há centenas de anos. A falta de material fez com que as pessoas utilizassem recursos naturais como a pedra e a relva. As camadas inferiores de pedra eram seguidas por blocos de relva, combinados com tiras de relva fina (Fig. 7). Em vez de madeira, utilizavam-se troncos. Algumas das madeiras datam da alta Idade Média. Os telhados eram geralmente completamente cobertos de relva. A igreja paroquial de Vidimyri, uma das seis chamadas igrejas de relva na Islândia, construída em 1834, é atualmente preservada como monumento (Bohlig, Bohlig, 2013).

Fig. 7 Arquitetura da Islândia

1.2.3 Coberturas verdes tradicionais eslovacas

Na viragem do século XIX para o século XX, na região de Spis, como material de cobertura era utilizado maioritariamente material tradicional (Fig. 8). Na área da região de Spis era sobretudo telha de madeira. Alguns edifícios foram cobertos com telhas queimadas. Excecionalmente, foi utilizada cobertura de chapa. No início do século XX, a telha de fibrocimento começou a ser aplicada. Para além dos telhados inclinados, a partir dos anos 70 do século XIX, foram construídos edifícios com telhados planos e edifícios com uma inclinação muito baixa. Estes tipos de telhados exigiam um revestimento diferente. A sua ocorrência esteve relacionada com a utilização de novos materiais de construção e de isolamento, como o papel de alcatrão e o feltro de betume. Para proteger este tipo de telhado contra as condições climatéricas extremas, em particular o sol e a radiação UV, a melhor solução foi a combinação de solo e plantas em crescimento.

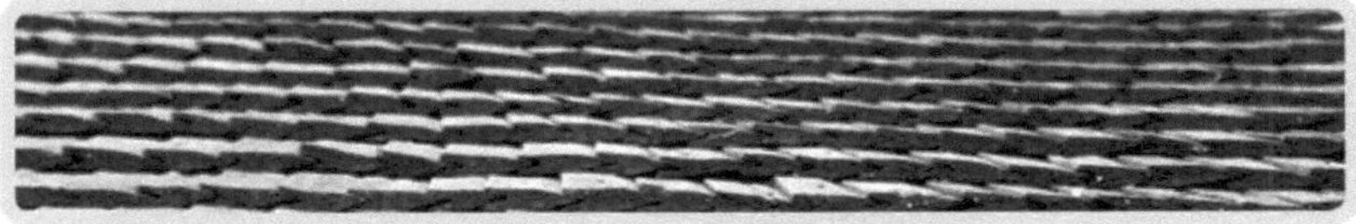

Fig. 8 Telhado tradicional de telha de madeira, Zehra

Na Alemanha, no século XIX, a utilização de papel de alcatrão em telhados planos expandiu-se. Estes telhados foram concebidos como *"telhados verdes".* Os contactos comerciais diretos e a troca de informações fizeram com que as novidades no domínio dos novos materiais e tecnologias de construção chegassem à região de

Spis. No início do século XX, apareciam nas publicações periódicas anúncios de feltros de telhado ignífugos, papel de telhado ignífugo, verniz de telhado, alcatrão de carvão, carbolineum (mistura oleosa de alcatrão de carvão castanho-escuro insolúvel em água) e painéis isolantes (Semancik, 2014).

Na região do Alto Spis foram aplicados extensos telhados verdes. Graças a exemplos preservados, podemos reconstituir a construção e as camadas do telhado (Tab. 1). Sobre a cofragem da laje foi aplicada uma camada isolante de cartão, alcatrão ou asfalto. Sobre ela, foi colocada uma camada de drenagem de cascalho. Junto aos bordos foram colocadas pedras de cascalho maiores. No solo foi plantada vegetação resistente. Vegetação capaz de resistir a condições extremas, como a alternância de secas, a alternância de calor e a alternância de congelação. Como barreira contra a lixiviação da drenagem e das camadas de húmus, foi colocada uma caleira de beiral, uma ripa metálica perfurada com aberturas redondas para a drenagem do excesso de água, na extremidade do telhado (Semancik, 2014).

Tab. 1 Camadas extensivas de coberturas verdes

resistant vegetation
gravel drainage layer (bigger gravel stones filled near the edges)
insulating layer of cardboard, tar or asphalt
slab shuttering
metal perforated lath with round openings, edging towards eaves gutter

Os telhados verdes têm muitos benefícios (Poorova et al., 2014). No verão, evitam o sobreaquecimento da estrutura do telhado e do sótão. No inverno, também graças à camada de neve, funcionam como isolamento do frio. Outras caraterísticas dos telhados verdes são as caraterísticas acústicas. Os destaques de hoje são os aspectos ecológicos dos telhados, porque, entre outras coisas, a sua caraterística é a captação de poeiras e poluentes do ar. A vantagem dos telhados planos é também um aspeto económico. A dimensão da estrutura foi significativamente reduzida, pelo que o consumo de madeira e a quantidade de cobertura do telhado também foram reduzidos. Uma vantagem significativa dos telhados verdes é o facto de reduzirem o risco de incêndio. Naqueles tempos, quando bairros e aldeias inteiras eram destruídos pelo fogo, os regulamentos e estatutos de construção implementavam a obrigação de utilizar coberturas de telhado não inflamáveis. Uma opção era também o telhado verde (Semancik, 2014).

Capítulo 2. Presente verde

*"A biodiversidade é o que construímos no ambiente nacional. Temos de o fazer com grande cuidado no que se refere à ecologia da terra, à utilização da água e à utilização da energia. Se não o fizermos com cuidado, não haverá futuro para as outras gerações. A sustentabilidade é muito importante. Não vale a pena ter um sucesso hoje e não o ter amanhã. Edifícios sustentáveis, com baixas emissões de carbono, edifícios que não necessitam de tanta energia, edifícios bem planeados. Precisamos de conceber edifícios do século XXI, edifícios responsáveis pelo seu ambiente. "*Ken Yeang

2.1 Formas modernas de ser ecológico

Os seres humanos, tal como tudo o que existe no planeta, pertencem ao sistema Terra. No entanto, os seres humanos desenvolveram o sistema de como afetar, ou mesmo destruir, o sistema da Terra. O design verde é uma resposta a muitas questões actuais. Mas a questão é: o que é o design verde? Seria um erro considerar o design verde simplesmente como eco-engenharia, tecnologias que estão a desenvolver-se rapidamente e a avançar para uma arquitetura e um ambiente construído verdes.

Conceber cidades verdes saudáveis, trazer a natureza para as habitações, cobrir os edifícios com plantas, integrar a natureza selvagem nas cidades, conceber e construir coberturas vegetais e paredes vivas. Eis algumas formas possíveis de conceber o verde de uma forma moderna.

2.1.1 Infra-estruturas

Ken Yeang afirma que a conceção ecológica é a combinação de quatro vertentes de infra-estruturas que cooperam entre si (Fig. 9) num sistema sem descontinuidades (Yeang, Spector, 2011). A realização de uma conceção ecológica eficaz é muito complexa.

Fig. 9 Quatro infra-estruturas

A infraestrutura **cinzenta** (de engenharia) é a habitual infraestrutura de engenharia urbana de estradas, drenos, esgotos, reticulação de água, telecomunicações, energia e sistema de distribuição de energia eléctrica. Estes sistemas de engenharia devem integrar-se na infraestrutura verde, e não vice-versa, e devem ser concebidos para serem sustentáveis (Hart, 2011).

A infraestrutura **vermelha** (humana) é a comunidade humana. É o ambiente construído. Edifícios, casas, espaços verdes e sistemas regulamentares como leis, ética, etc. Esta é a dimensão social e humana que está frequentemente ausente no trabalho dos projectistas ecológicos. É evidente que os nossos estilos de vida, economias e indústrias, a dieta da mobilidade e a produção de alimentos têm de se tornar sustentáveis (Hart, 2011).

A infraestrutura (eco) verde é paralela à cinzenta. Trata-se de uma rede interligada de áreas naturais e de espaços abertos que conversam com os valores e funções do ecossistema natural. Permite também que a área floresça como habitat natural para uma vasta gama de vida selvagem, proporcionando benefícios aos seres humanos. Esta eco-infraestrutura é a infraestrutura da natureza e é muito importante incluí-la no plano diretor. Os corredores lineares de vida selvagem ligam os espaços verdes existentes a zonas verdes maiores e podem criar novos habitats por direito próprio. Estes podem assumir a forma de novas cinturas florestais de zonas húmidas ou de elementos paisagísticos existentes, como linhas de caminho de ferro, sebes e cursos de água. Qualquer nova infraestrutura verde deve também melhorar as funções naturais do que já existe (Hart, 2011).

A conetividade da paisagem com o ambiente construído é um processo horizontal e vertical. Uma demonstração óbvia da conetividade horizontal é a criação de corredores ecológicos e ligações no planeamento regional e local, que são cruciais para tornar os padrões urbanos mais viáveis do ponto de vista biológico. A conetividade sobre superfícies impermeáveis pode ser conseguida através da utilização de eco-pontes, passagens inferiores e rampas. Para além da melhoria da conetividade horizontal, é também necessária a conetividade vertical, uma vez que a maioria dos edifícios não é de um só piso, mas sim de vários pisos. Os projectistas devem estender os eco-corredores para cima, com a vegetação a abranger um edifício desde as suas fundações até aos telhados (Blanck, 2012).

A infraestrutura **azul** (água). O ciclo da água deve ser gerido de forma a fechar o ciclo, embora isso nem sempre seja possível. A água da chuva deve ser recolhida e reciclada. As águas superficiais devem ser retidas no sítio e devolvidas ao solo para recarga das águas subterrâneas através de leitos de filtração, estradas e superfícies construídas permeáveis, lagoas de retenção e bio-valetas. A água utilizada no ambiente construído deve ser recuperada e reutilizada sempre que possível. O planeamento dos sítios deve ter em conta os padrões de drenagem natural do local e prever a gestão das águas superficiais, de modo a evitar que a precipitação se escoe. Combinada com uma eco-infraestrutura verde, a gestão das águas pluviais permite que os processos naturais se infiltrem, evapo-transpirem ou captem e utilizem as águas pluviais no local ou na sua proximidade, gerando potencialmente outros benefícios ambientais. Os cursos de água devem ser substituídos por zonas húmidas e faixas-tampão de habitats de prados e bosques ecologicamente funcionais. As superfícies impermeabilizadas podem reduzir a humidade do solo e deixar as zonas baixas susceptíveis de serem inundadas por escoamento excessivo. As vias verdes das zonas húmidas devem ser concebidas como sistemas de drenagem sustentáveis para proporcionar superfícies ecológicas. As zonas de proteção podem ser combinadas com espaços verdes lineares para maximizar o seu potencial de melhoria do habitat. A conceção ecológica deve criar sistemas de drenagem urbana sustentáveis que possam funcionar como habitats de zonas húmidas, não só para aliviar as inundações, mas também para criar faixas de proteção para os habitats. Temos de perceber que coisas como a gestão das águas superficiais maximizam o potencial dos habitats (Hart, 2011).

2.1.2 Integração

A segunda estratégia, a biointegração, representa uma integração perfeita e benigna do ambiente artificial e natural. É difícil integrar com êxito um edifício num ecossistema natural e esta é a causa de todos os problemas ambientais. Se conseguíssemos integrar os nossos processos empresariais, a nossa conceção, o nosso trabalho, tudo o que fazemos ou produzimos no ambiente construído com o ambiente natural de uma forma perfeita e benigna, não haveria problemas ambientais.

Fig. 10 Integração biológica

A analogia entre a conceção ecológica pode ser facilmente explicada através de uma prótese cirúrgica. Um dispositivo médico protético tem de se integrar no seu hospedeiro orgânico, o corpo humano (Fig. 10). A falta de integração resulta em deslocação. Por analogia, é isto que o eco-design no nosso ambiente construído e nas nossas empresas deve alcançar. Integração física, sistémica e temporal do ambiente construído e do ambiente natural de uma forma benigna e positiva. A conceção da biointegração pode ser considerada como tendo estes três aspectos (Yeang, 2009).

A integração **física** requer uma compreensão da ecologia do sítio. Qualquer atividade da nossa conceção é realizada com a intenção de se integrar de forma benigna no ecossistema. É necessário compreender o ecossistema antes da atividade humana. Cada sítio tem a sua própria ecologia com a capacidade de suportar as pressões que lhe são impostas. Se o sítio for sujeito a tensões superiores a essa capacidade, está a ficar danificado e devastado. O que é necessário fazer é verificar a estrutura de um ecossistema e o fluxo do sistema. As suas propriedades ecológicas, estruturas, actividades, diversidade, espécies. É preciso identificar todas as partes do ecossistema. Finalmente, devemos considerar o impacto da construção prevista e da sua utilização (Yeang, 2009).

A integração **sistémica** é outra questão importante. Os seus sistemas operacionais e processos internos com o ecossistema na natureza. Se os nossos sistemas e processos construídos não se integrarem na natureza, continuam a ser objectos artificiais e potenciais poluentes. A sua eventual integração após o fabrico e a utilização só é possível através da biodegradação. Isto requer um processo natural de decomposição a longo prazo (Yeang, 2009).

A integração **temporal** envolve a conservação de ambos, recursos renováveis e recursos não renováveis, para garantir que sejam sustentáveis para as gerações futuras. Isto inclui a conceção de um sistema de construção de baixo consumo energético que seja independente de fontes de energia não renováveis (Yeang, 2009).

2.1.3 Imitação

A terceira estratégia consiste em imitar o ecossistema, os processos, as estratégias, as caraterísticas e as funções do ecossistema. Poderíamos dizer que esta é a pedra angular da sustentabilidade e da conceção de edifícios ecológicos. O ambiente construído deve imitar e respeitar o ambiente natural, reciclar, utilizar a energia do sol, aumentar a eficiência energética, alcançar um equilíbrio dos constituintes bióticos e abióticos no co-sistema (Fig. 11). A questão é saber se o ambiente construído, as empresas, a economia, etc., podem imitar os processos, as estruturas e as funções da natureza. Para explicar, a natureza não tem resíduos. Tudo é reciclado no seu interior. Se o imitássemos, o nosso ambiente artificial não natural não produziria resíduos. Todas as emissões e produtos seriam continuamente reutilizados, reciclados e talvez reintegrados no ambiente (Yeang, Spector, 2011).

Fig. 11 Imitação ecológica

As unidades abióticas e bióticas que criam o ecossistema funcionam em conjunto como um todo. Este conceito, o nosso ambiente construído, deve ser concebido de forma análoga. A arquitetura deve ser integrada na natureza. Mas as construções, a manufatura e outras actividades estão a tornar a biosfera cada vez mais inorgânica, artificial. Estamos a tornar o nosso ambiente cada vez mais inorgânico. Isto resulta num desequilíbrio do ecossistema. Temos de inverter esta tendência e equilibrar o nosso ambiente construído com maiores níveis de conetividade ecológica. Isto leva-nos a utilizar cada vez mais materiais ecológicos, componentes que são reutilizados, reciclados e que podem ser reintegrados no ecossistema. Temos de imitar a natureza. Sem resíduos, sem novas espécies, fechando o ciclo da reutilização e da reciclagem (Yeang, Spector, 2011).

2.1.4 Ligação

A quarta estratégia é restaurar os ecossistemas devastados existentes no nosso sistema concebido. Esta é outra opção para alcançar a sustentabilidade. Melhorar a ligação ecológica entre o sistema concebido, os processos empresariais e a paisagem circundante. Esta ligação assegura a conetividade das espécies, a interação e a partilha de recursos. Melhorias como este nexo ecológico aumentam a biodiversidade e a sobrevivência das espécies. A criação de corredores e ligações ecológicas é crucial para tornar os padrões urbanos mais viáveis do ponto de vista biológico. Ligar os aspectos inorgânicos, o ambiente construído, o ambiente artificial e os aspectos orgânicos, o ambiente natural, para que se tornem mútuos (Fig. 12). Criar um sistema compatível de sistemas artificiais e naturais é outra chave para manter a sustentabilidade (Yeang, Spector, 2011).

Fig. 12 Ecossistema criado pelo homem

2.1.5 Edifícios inteligentes

A quinta estratégia consiste em considerar o sistema concebido no contexto da biosfera global como uma série de interações interdependentes, cuja monitorização é necessária para garantir a estase ambiental global e a reparação da devastação ambiental causada pelos seres humanos, as catástrofes naturais e o impacto do nosso ambiente construído, actividades e indústrias. Estas interações ambientais têm de ser monitorizadas (Fig. 13) para que sejam tomadas medidas corretivas adequadas e imediatas para manter a estabilidade ecológica global (Yeang, Spector, 2011).

O que é espantoso nesta estratégia é a forma como os edifícios funcionam. Sensores para a luz, sensores para o vento, sensores para a água, sensores para quase tudo. As janelas motorizadas abrem e fecham automaticamente para permitir a entrada de ar fresco no edifício. Os fotossensores no sistema de iluminação diminuem automaticamente as luzes artificiais em resposta à penetração da luz do dia, reduzindo a energia necessária para iluminar os espaços interiores (Fairs, 2008).

Fig. 13 Auto-controlo

2.2 Certificação Verde

O verde é o nome do jogo, sem dúvida. Nunca houve tanto interesse no impacto ecológico dos edifícios como atualmente. Os edifícios são um dos maiores consumidores de recursos naturais e são responsáveis por uma parte significativa das emissões de gases com efeito de estufa que afectam as alterações climáticas. A dificuldade é que o verde está tão na moda que toda a gente se atira a ele, reivindicando uma sustentabilidade espantosa ou um consumo de energia notavelmente baixo.

2.2.1 LEED

Uma resposta eficaz à incerteza que rodeia a complexa questão do impacto ambiental da arquitetura tem sido o LEED (Leadership in Energy and Environmental Design), o sistema de referência aceite pelo US Green Building Council para a conceção, construção e funcionamento de edifícios ecológicos. O LEED promove uma abordagem à sustentabilidade de todo o edifício, reconhecendo o desempenho em cinco áreas-chave da saúde humana e ambiental: *desenvolvimento sustentável do local, poupança de água, eficiência energética, seleção de materiais e qualidade ambiental interior* (Jodidio, 2009).

2.2.2 Conselho de construção verde dos EUA

O US Green Building Council tem em conta as várias profissões que participam na construção, e não apenas os arquitectos. Esta organização de classificação de base alargada está, sem dúvida, muito mais próxima do objetivo de incentivar a verdadeira sustentabilidade na arquitetura do que os arquitectos individuais que afirmam que a sua estrutura é mais ecológica do que a outra. Pode até perguntar-se, com o atual aquecimento global, questões políticas internacionais importantes, se a própria arquitetura não está à beira de mudanças muito significativas, em que o estilo e as questões estéticas são colocados numa posição secundária em relação às questões de sustentabilidade. Em determinada altura, os edifícios verdes eram quase obrigados a mostrar as suas cores, por assim dizer, coisas feias e complicadas, geralmente multicoloridas, como se um arco-íris inteiro num edifício pudesse ser suficiente para provar uma preocupação ecológica. A tecnologia ajuda certamente os arquitectos, fornecendo-lhes materiais ambientalmente *"corretos"* que são também atractivos (Jodidio, 2009).

2.2.3 Certificado energético do edifício

A lei sobre o desempenho energético dos edifícios na Eslováquia estabelece os procedimentos e as medidas para melhorar o desempenho energético dos edifícios, a fim de otimizar o ambiente interior dos edifícios e reduzir as emissões de dióxido de carbono provenientes do funcionamento dos edifícios e do âmbito das autoridades públicas (Norma 555, 2005, Norma 300, 2012)

O certificado energético dos edifícios é uma óptima ideia para a classificação futura das caraterísticas de retenção de água dos telhados verdes. Considerar as qualidades de retenção de água como um dos aspectos significativos da certificação de edifícios pode significar uma mudança nos futuros regulamentos que tratam de questões ecológicas.

Capítulo 3. Possibilidades verdes

Então Deus disse: *"Façamos o homem à nossa imagem, à nossa semelhança, e domine ele sobre os peixes do mar e as aves do céu, sobre os animais domésticos, sobre toda a terra e sobre todas as criaturas que se movem ao longo do solo".* "Criou Deus o homem à sua imagem, à imagem de Deus o criou; homem e mulher os criou. Deus abençoou-os e disse-lhes: *"Sede fecundos e multiplicai-vos, enchei a terra e submetei-a. Dominai sobre os peixes do mar e sobre os animais que se movem na terra. Dominai sobre os peixes do mar e as aves do céu e sobre todos os seres vivos que se movem sobre a terra".* Então Deus disse: *"Dou-vos todas as plantas que dão sementes sobre a face de toda a terra e todas as árvores que dão frutos com sementes. Elas serão vossas como alimento. E a todos os animais da terra e a todas as aves do céu e a todas as criaturas que se movem sobre a terra - tudo o que tem fôlego de vida - dou todas as plantas verdes como alimento".* "E assim foi. Deus viu tudo o que tinha feito, e era muito bom.

3.1 Ferramentas verdes

A necessidade de recuperar áreas verdes está a tornar-se cada vez mais crítica. Uma das soluções potenciais para resolver este problema é a vegetação utilizada em paredes e telhados. Estas paredes e coberturas envolvem o cultivo de plantas em fachadas e telhados, substituindo assim a pegada vegetal que foi destruída aquando da construção do edifício.

3.1.1 Fachadas e paredes verdes

O fenómeno dos muros verdes é quase tão antigo como as cidades. Muitas civilizações utilizavam plantas trepadeiras para cobrir os edifícios. Atualmente, chama-se a isso fachadas verdes.

As fachadas verdes foram muito importantes para o movimento Arts and crafts no século XX. Outro movimento, o Art Nouveau, utilizou plantas trepadeiras nos edifícios para fazer uma transição perfeita entre a casa e a paisagem. O movimento das cidades-jardim em Inglaterra, que se centrava especialmente no desenho urbano com recurso a cinturas verdes, também apresentou grandes exemplos de fachadas verdes (Séguin, 2014).

Como é que raízes imersas de plantas que vivem acima da linha de água poderiam purificar as águas do aquário foi a primeira pergunta de Patrick Blanc que levou à resolução da construção de jardins verticais. As plantas aquáticas submersas reciclariam os nitratos que se desprendem do excesso de comida e dos excrementos dos peixes. A questão era saber como é que as plantas aéreas se poderiam desenvolver apenas em resultado dos elementos minerais presentes na água. Um velho pano de chão coberto de algas, musgo e outras pequenas plantas foi, de facto, a base para um novo jardim vertical. O botânico agrafou o pano de chão à tábua. O pano de chão conduziu a água e reteve-a entre as suas fibras; conseguiu reduzir a rega para alguns minutos de quatro em quatro horas. O nível saudável de crescimento das raízes das plantas foi notado num período muito curto de tempo. O único problema é que os panos de chão são feitos de algodão. Mesmo que sequem parcialmente entre regas, acabam por se decompor e libertar um odor terrível. O objetivo era utilizar materiais naturais, como a fibra de coco e a lã mineral, esquecendo completamente que se decompõem e que, por isso, não conseguem manter um ambiente de vida estável durante muito tempo (Blanck, 2012).

Blanc patenteou um método hidropónico para o cultivo de plantas em paredes verticais sem a utilização de terra. Outros métodos são o sistema modular, que utiliza terra para o cultivo das plantas, e o sistema epifítico. A planta cresce sobre outra planta, obtém nutrientes e humidade do ar, da chuva e do sol.

O processo que o botânico criou permite que plantas, flores, musgos, trepadeiras e arbustos cresçam sem solo, ao longo da face de uma parede. As raízes prendem-se a um feltro coberto de rede embebido em água mineralizada. Um simples teste com uma chama provou que as fibras dos tecidos reciclados eram sintéticas e, portanto, à prova de raízes. Estes têxteis não tecidos, designados por "forro de irrigação", foram utilizados para substituir o pano de chão de algodão. A estrutura consiste numa superfície vertical coberta de feltro, que substitui o solo e retém a água. As plantas são fixadas a essa camada de feltro, de modo a que as raízes se agarrem à sua superfície. Uma vez que um jardim vertical é, por natureza, uma espécie de organismo vivo coletivo, é necessário cuidar dele. Por exemplo, é necessário ter o cuidado de não interromper o sistema de irrigação durante vários dias, especialmente no meio do verão, e de fornecer iluminação adicional, e fazê-lo corretamente, sempre que necessário (Hohenadel, 2013).

3.1.2 Tectos verdes

As coberturas verdes podem ser classificadas como intensivas ou extensivas. De acordo com o substrato, as plantas e a utilização planeada, existem coberturas extensivas com substrato pouco profundo e coberturas intensivas com substrato mais profundo (Getter, Rowe, 2006).

As coberturas verdes extensivas são sistemas de revestimento leve de camadas finas de solo ou substrato de coberturas vegetais auto-semeadas tolerantes à seca. As coberturas verdes extensivas requerem tipos especiais de plantas. As plantas são geralmente originárias de locais secos, semi-secos e superfícies pedregosas, como o ambiente alpino. Este tipo de plantas possui mecanismos típicos para sobreviver a condições extremas. Mecanismos como órgãos de armazenamento de água, folhas grossas, superfícies de folhas grossas, folhas estreitas, etc. (Velazquez, 2005).

As coberturas verdes extensas são conhecidas pela utilização de sedums coloridos, gramíneas, musgos e flores de prado que requerem pouca ou nenhuma irrigação, fertilização ou manutenção após a sua instalação. As coberturas verdes extensas podem ser construídas em telhados com inclinações até 33%. Além disso, podem ser construídos em estruturas existentes com pouco ou nenhum apoio estrutural adicional. A construção deste tipo de telhado é maioritariamente de camada simples ou dupla. Não se destinam ao recreio das pessoas, ao peso humano, a arbustos maiores ou a árvores. A principal razão para a instalação de um telhado verde extenso é visual, principalmente para criar um desempenho de construção de flora para os habitantes.

As coberturas verdes intensivas são concebidas como paisagens de cobertura, jardins de cobertura. Na sua maioria, destinam-se à interação humana. A construção destas coberturas deve ser projectada de modo a cumprir os requisitos de carga. São designadas por intensivas, devido às suas necessidades de manutenção intensas (Velazquez, 2005).

Os telhados verdes intensivos necessitam de uma gestão semelhante à de um jardim no solo. São concebidas para se assemelharem à paisagem e ao nível natural do solo. Uma das razões para instalar uma cobertura verde intensiva é proporcionar um espaço de lazer. Os telhados vivos eram comuns há muitos anos. Nas últimas décadas, os arquitectos e urbanistas estão a voltar a elas, não só pela sua beleza, mas também pelos seus efeitos práticos, pela sua capacidade de resistir às alterações ambientais, aos extremos ambientais.

3.2 Médio

A profundidade **média** e a sua maior profundidade significam uma maior diversidade de plantas utilizadas devido a mais opções para o crescimento das raízes das plantas utilizadas. A composição do meio subjacente influencia a carga do solo. Isto também significa que influencia a especificação da planta em termos de peso, capacidade de absorção de água, taxas de drenagem, etc. O meio ideal é leve, retém bem a água, é poroso e drena livremente. Quanto mais água o meio retém, mais peso está a ser adicionado ao telhado. O meio fornece e absorve nutrientes, fixa as plantas, fornece peso suficiente para evitar que flutuem quando molhadas e evita que voem durante o estabelecimento (Dunett, Kingsbury, 2004).

Geralmente, o meio de cobertura verde extensiva é uma mistura de materiais arenosos ou granulares que equilibra a absorção de água com uma superfície porosa adequada. Pode ser utilizada uma variedade de materiais naturais e não naturais para alcançar o equilíbrio. Lelite, pedra-pomes, terra de diatomáceas, areia, argilas expandidas e activas, xisto expandido, cascalho, tijolos e telhas. E a vermiculite ou o perlit podem ser utilizados em conjunto com outros materiais (Snodgrass, 2006). Mas temos de encarar o facto de que, utilizando este tipo de materiais, o telhado verde será menos ambiental e mais caro do que um meio puramente natural.

Mais meio orgânico, mais opções de plantação estão disponíveis. O meio predominantemente orgânico não é recomendado para coberturas verdes extensas. Devido à diminuição do espaço poroso, à maior retenção de água e ao aumento da carga de nutrientes, pode ser necessário reduzir a profundidade do meio ao longo do tempo. A alteração da profundidade do meio pode provocar a alteração da cobertura projectada, acrescentando o substrato e alterando o ambiente da vegetação plantada. A profundidade do meio deve ser constante durante um longo período de tempo e um meio altamente orgânico torna isso impossível.

3.3 Plantas

3.3.1 Estabelecimento de plantas

O estabelecimento das plantas é a chave para a longevidade do telhado verde. Se o estabelecimento no início não for bem sucedido, o tempo de retorno dos investimentos será mais longo. É muito importante e também muito mais barato assegurar o estabelecimento das plantas no início ou mesmo antes da realização do telhado. As primeiras semanas após a instalação são cruciais. É prudente plantar as plantas suficientemente cedo para permitir que as plantas se enraízem antes da primeira geada. Os ensaios realizados na Universidade Penn State sobre o estabelecimento das plantas mostraram que as plantas bem estabelecidas têm muito mais probabilidades de sobreviver ao inverno e à seca do que as plantas mal estabelecidas (Thuring et al., 2010).

Os cuidados adequados durante o estabelecimento permitirão obter uma cobertura numa data anterior. A plantação ocorre com irrigação regular. Se a plantação ocorrer em zonas com precipitação natural regular, a rega pode não ser necessária. Em muitas instalações na costa leste dos EUA, as plantas não necessitam de qualquer irrigação suplementar, nem mesmo aquando da plantação. Por outro lado, as partes do Norte requerem cuidados e irrigação diária. A irrigação pode ser conseguida através de vários métodos: sistemas de irrigação incorporados, aspersores de relva, mangueiras de jardim. A necessidade de irrigação deve ser verificada e utilizada para as plantas específicas, localização e época do ano em que o telhado está a ser instalado (Snodgrass, 2006).

As sementes são a primeira forma de instalar um telhado verde. Não existem instalações de coberturas verdes totalmente semeadas na América do Norte, mas parece provável que venham a surgir. As pressões do mercado para diminuir os custos de instalação através da sementeira direta nos telhados verdes poderão tornar-se mais viáveis e o método menos dispendioso. As coberturas verdes semeadas são as que demoram mais tempo a amadurecer, geralmente dois a três anos para serem cobertas. Um número limitado de espécies pode germinar de forma fiável num telhado. Todas requerem alguma irrigação suplementar durante a fase de germinação e estabelecimento. As sementes são melhor semeadas na primavera ou no outono, dependendo do clima. Para conseguir a cobertura total de um telhado num curto espaço de tempo, as espécies anuais de maturação mais rápida podem ser misturadas com sementes perenes (Snodgrass, 2006).

As estacas são as plantas mais utilizadas na instalação de telhados verdes. São um método viável e cada vez mais popular para o seu estabelecimento. São mais rápidas do que as sementes e, dependendo do clima, do local e do tempo, podem não necessitar de qualquer irrigação suplementar para as ajudar a estabelecerem-se. As estacas são mais expansivas do que as sementes, mas atingem a cobertura muito mais cedo. Podem cobrir o telhado no prazo de um ano após a plantação (Nakano et al., 2013).

Os plugs são estacas com sistema radicular estabelecido. Oferecem um compromisso entre custo e flexibilidade. Oferecem uma maior diversidade, porque os plugs totalmente enraizados armazenam energia suficiente para permitir um fácil estabelecimento. São facilmente embalados em caixas (Nakano et al., 2013).

Os recipientes de viveiro são ocasionalmente especificados para coberturas verdes extensas quando são necessárias plantas mais estabelecidas desde o início. Se o substrato for suficientemente profundo para acomodar o sistema radicular, a vegetação espalhar-se-á mais rapidamente do que com os torrões. Se a profundidade do torrão for superior à profundidade do solo, o torrão tem de ser partido e as raízes têm de ser encurtadas para caberem no solo (Nakano et al., 2013).

Os tapetes vegetativos são longos rolos de plantas pré-crescidas colocadas numa fina camada de malha e meio. Estão completamente maduras aquando da instalação. São instalados em tiras em cima de um substrato de base, que fornece um eventual suporte para as raízes. Os tapetes são pesados e volumosos para transportar e devem ser cultivados pelo menos um ano antes da instalação (Snodgrass, 2006).

Os módulos são sistemas vegetativos discretos de quadrados ou rectângulos de plástico preto. São a opção mais cara de plantação de telhados verdes. Partilham todas as vantagens e desvantagens dos tapetes, mas incluem mais meios. Podem ser instalados como pavimentos (Snodgrass, 2006).

3.3.2 Especificação das instalações

A especificação das plantas combina a experiência de produtores, projectistas e horticultores com as especificações do local, produzindo uma lista de plantas que criam um design agradável do local. Os processos combinados de concurso, compra, instalação, estabelecimento, manutenção contínua, etc., dependem todos da especificação de cada planta, pelo que deve ser dada especial atenção a esta fase do projeto de um telhado verde extenso (Snodgrass, 2006).

O processo de especificação deve começar com questões funcionais e específicas do local. Qual é o local. Quais são as condições de luz. A rega vai ser necessária? Qual é a altura do telhado. Quanto peso é que a construção vai poder suportar. O telhado está perto de algum rio ou lago? O telhado projetado está num local exposto ou abrigado? E quanto à gestão das águas pluviais? Como deve ser o esquema de cores do extenso telhado verde projetado?

As suculentas resistentes são os cavalos de batalha dos telhados extensivos e as principais plantas para sistemas que utilizam um meio de 10 ou menos centímetros. Têm uma capacidade insuperável de sobreviver a condições de seca e vento, armazenam água nas suas folhas durante longos períodos e conservam água através de um processo metabólico único. As suculentas difíceis como o *Sempervivum* (Fig. 14), *Sedum, Talinum, Jovibarba, Delosperma* são as únicas escolhas para substratos finos, não irrigados, jardins verdes extensivos com a maior capacidade de sobrevivência (Snodgrass, 2006).

Fig. 14 Sempervivum

As plantas **anuais** não devem ser a seleção dominante para um telhado verde extenso, porque não oferecem a longevidade necessária para tornar um projeto rentável. Podem ser utilizadas como realces sazonais. São necessárias em locais com precipitação regular ou em locais com sistema de rega. As plantas anuais como *a Phacelia Campanularia* (Fig. 15), *Portucala, Townsedia Eximia* podem ser utilizadas em coberturas verdes extensas como filtros para proporcionar uma cor rápida durante a primeira estação de crescimento (Snodgrass, 2006).

Fig. 15 Phacelia Campanularia

As plantas **herbáceas perenes** são as mais desejadas por razões estéticas. Oferecem óptimas cores, texturas e variabilidade de estações. Por outro lado, requerem um substrato e humidade mais profundos do que os encontrados na maioria dos telhados verdes extensos. Algumas delas funcionam muito bem em instalações de coberturas extensas. Podem ser utilizados Dianthus (Fig. 16), *Phlox, Campanula, Teucreum, Allium, Potentilla, Achillea, Prunella, Viola, Origanum* e algumas outras plantas perenes de crescimento baixo e de raízes pouco profundas, no entanto, a profundidade média deve ser superior a 10 cm e deve ter uma fonte de água adequada. Poucas plantas herbáceas perenes são perenes, por isso, se o interesse invernal for uma consideração importante para o projeto de um telhado, deve ser fornecida uma alternativa para que a vegetação castanha não seja tão visível durante o seu período de dormência (Snodgrass, 2006).

Fig. 16 Dianthus Dianthus Prairie Pink

As gramíneas curtas são mais populares nos telhados verdes intensos tradicionais e no paisagismo, mas continuam a ter o seu lugar em telhados verdes extensos. Não têm flores coloridas como as anuais e as perenes, mas têm muito para oferecer. São mais verticais, acrescentam textura e movimento a uma imagem do telhado, oferecem habitat a aves e insectos. Necessitam de uma maior profundidade do solo para acomodar o seu sistema radicular, algumas delas podem ter um período de dormência durante o verão, o que significa que o telhado fica com uma mancha castanha durante algum tempo. As gramíneas curtas como *Carex* (Fig.17), *Festuca, Deschampsia* são apropriadas para telhados extensos.

Fig. 17 Carex

As ervas aromáticas como o *Thymus, Origanum, Salvia* (Fig. 18) e *Allium* têm a sua utilização mais selecionada nas coberturas verdes devido à profundidade do solo que tem de ser superior a 10 centímetros. Por outro lado, a sua utilização é muito específica devido ao seu aroma, que é normalmente utilizado em edifícios como restaurantes, hospitais, residências, edifícios institucionais, podendo ser colhidas para fins culinários, aromáticos, terapêuticos ou educativos (Snodgrass,

2006).

Fig. 18 Sálvia

Capítulo 4. Caraterísticas verdes

*"Gostamos de fazer coisas novas, de experimentar materiais e de criar um encontro muito invulgar entre o bruto e o natural, o liso e o artificial, de incorporar a natureza para que possa haver o cheiro de um jardim onde não se espera. "*Jacques Herzog.

4.1 Benefícios do edifício

A questão da manutenção da vegetação urbana de grande valor no desenvolvimento das cidades contemporâneas, com problemas de gestão da água, é uma questão que se coloca, uma vez que a sociedade atual está a caminhar para o desenvolvimento sustentável. Os telhados verdes oferecem benefícios mensuráveis. Cumprem muitas funções ao mesmo tempo. Têm benefícios estéticos expressivos, ecológicos, de sombreamento, psicológicos, etc. Reduzem a temperatura da cidade através da evaporação da água, controlam o ruído, a poluição atmosférica e a saúde. Criam um microclima positivo, uma qualidade do ar positiva, absorvem água e proporcionam retenção de água. Cumprem as tarefas dos investidores, governos, comunidade de especialistas e amadores com utilidade económica.

A arte verde nos conceitos arquitectónicos: A integração da natureza na habitação é aplicada há milhares de anos. Os edifícios têm sido cobertos de verde desde a antiguidade. Os Jardins Suspensos da Babilónia são o primeiro exemplo. Os telhados de relva escandinavos são outro exemplo. Trazer a natureza para as cidades e para as habitações urbanas sempre foi uma comodidade para muitos arquitectos paisagistas e engenheiros. Trazer a natureza para as nossas vidas é uma afirmação profunda sobre a forma como vemos o mundo. Ou está a ensinar-nos a forma como devemos ver o mundo. A natureza selvagem, o verde, as plantas devem fascinar-nos na natureza, na cidade, em qualquer lugar. Por muito idealista que pareça, é assim que devemos começar (Dunnett, Kingsbury, 2011).

Desempenho estético: Para além da utilidade ambiental, é muito importante o aspeto estético destes telhados, porque fazem parte do ambiente urbano. A ideia é tornar os edifícios transparentes ou invisíveis entre as plantas. As plantas estão presentes. A cor e a pureza do ar perto de um telhado vegetal evocam imagens mentais de florestas e cascatas. Os telhados verdes criam novos espaços de vida para as pessoas, para a fauna e para a flora.

Desempenho das plantas: Diferentes espécies de plantas podem ser plantadas em diferentes áreas com base na profundidade do solo e nas condições previstas de calor, luz e água. Algumas espécies podem ter um melhor desempenho do que outras. Devido ao facto de a estação quente e seca poder ser muito longa, foram criadas plantas de reprodução para zonas climáticas moderadas que também podem viver em condições extremas, como os telhados dos edifícios. Os jardins verdes são a prova de que o betão não é um obstáculo à biodiversidade, mas sim um suporte que permite o crescimento e a sobrevivência de numerosas espécies de plantas frágeis (Snodgrass, 2006).

Qualidade do ar: A cobertura verde pode criar um microclima, baixar a temperatura do ar circundante através da evaporação da água. Humidificar o ar seco e reduzir a presença de alergénios. Pode também filtrar poeiras e substâncias nocivas (Fig. 19). Os telhados verdes também podem participar na formação de oxigénio e na captura de CO_2 . Também pode absorver o smog e a radiação UV (Fig. 20) (Jodidio, 2012).

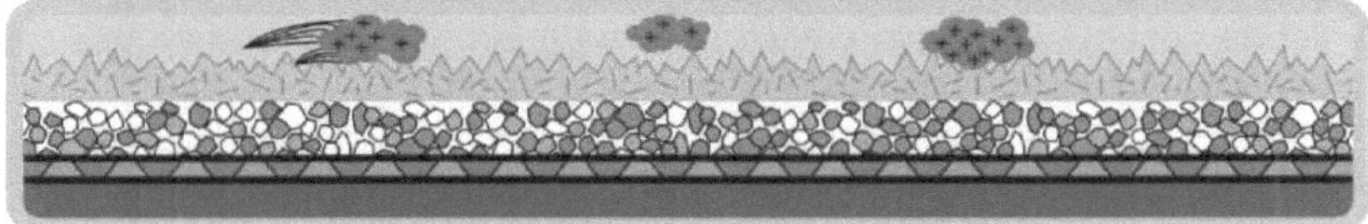

Fig. 19 Poeira

Poupança de energia: As coberturas verdes podem reduzir o consumo de energia de um edifício durante os meses de inverno e criar diferenças insignificantes no verão.

Retenção de água e escoamento de água (Fig. 21): A cobertura verde pode reter quase 75% da precipitação total. Isto significa que pode manter 105 000 litros fora do sistema de esgotos da cidade. A retenção de água significa também descarregar a drenagem superficial (Yeang, Spector, 2011, Hart, 2011, Yeang, 2009).

Fig. 20 Radiação UV

Qualidade da água: Os telhados verdes não adicionam azoto ao escoamento. Os testes de qualidade da água mostram que o escoamento de água contém menos poluentes do que o escoamento de água normal (Yeang, Spector, 2011, Hart, 2011, Yeang, 2009).

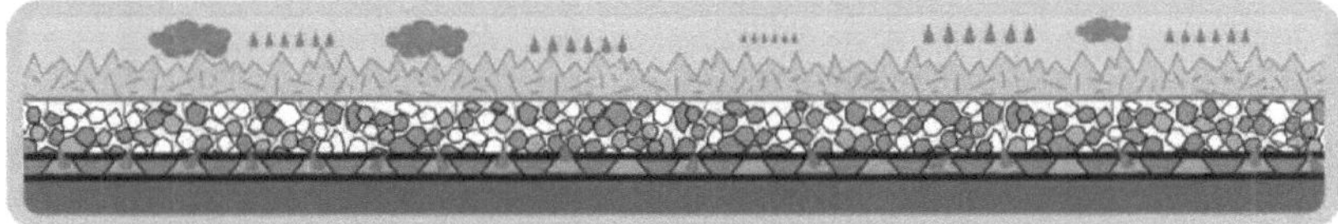

Fig. 21 Retenção de água

Diferenças de temperatura: A cobertura verde pode ser 15°C mais fria do que a cobertura convencional. As diferenças de temperatura são maiores nos dias mais quentes. Pode evitar o sobreaquecimento e o arrefecimento do edifício (Fig. 22). A cobertura pode proteger o edifício de temperaturas extremas e de alterações climáticas (Sommerville et al., 2007).

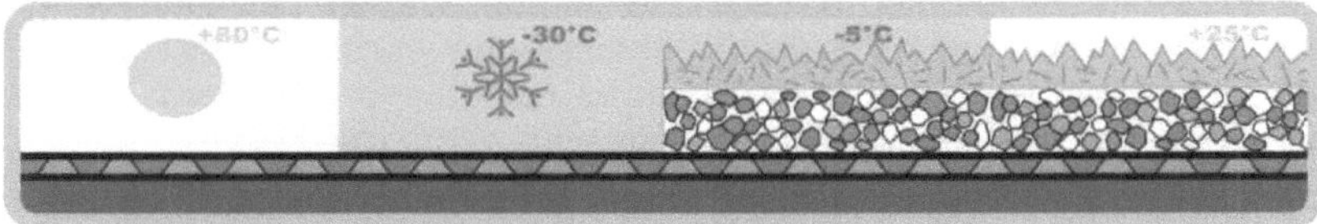

Fig. 22 Temperatura

Aspeto económico: Os telhados verdes reduzem o consumo de energia de um edifício. Por conseguinte, a cobertura verde ajuda a reduzir os custos de arrefecimento e aquecimento do edifício. A captação de água significa também uma redução dos custos de drenagem da superfície. A cobertura verde ajuda a duplicar a vida útil da construção de um edifício, podendo também ajudar a reduzir o preço de um edifício (Fig. 23) (Flimel, 2013, Poorova et al., 2014).

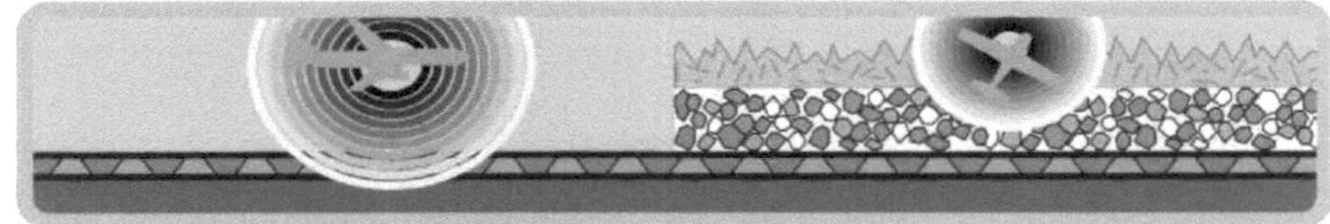

Fig. 23 Som

4.2 Benefícios para as pessoas

Ter paisagens e vegetação de qualidade dentro e à volta dos locais onde as pessoas vivem é um bom investimento. Estar num espaço verde ajuda a restaurar a capacidade de concentração da mente. Isto significa melhorar o desempenho no trabalho e na escola, ajudar a aliviar o stress e as doenças mentais, ter novos locais naturais para praticar desporto, divertir-se e relaxar.

Esta parte do trabalho centra-se nas diferenças entre as pessoas que vivem e trabalham em edifícios rodeados de betão árido e com pouca natureza e as pessoas que vivem perto de um local verde. Esta parte apresenta o impacto da natureza em pessoas com doenças psicológicas e crianças com diferentes perturbações, centrando-se no facto de a natureza curar também o corpo e não apenas a mente.

4.2.1 Crianças

Ultimamente, as crianças têm menos oportunidades de sair e brincar. Por outro lado, as crianças modernas não têm tanto entusiasmo em sair, brincar, divertir-se no exterior, ir à natureza. Algumas escolas e jardins-de-infância proporcionam experiências na natureza durante as aulas, viagens escolares e férias, na esperança de obter efeitos na aprendizagem e na saúde mental.

As habitações urbanas que proporcionam os lugares naturais e selvagens necessários, como parques, passeios, promenades, jardins nos telhados dos edifícios, garantem ambientes calmos e inspiradores. Este tipo de design urbano incentiva a aprendizagem, a curiosidade e a atenção (Kaplan, 1995). As crianças que tendem a ter um contacto próximo com a natureza desenvolvem ligações cognitivas, emocionais e comportamentais com o ambiente social e biofísico que as rodeia. A experiência da natureza é muito importante para incentivar a sua imaginação e criatividade, mas também o desenvolvimento cognitivo e intelectual e as relações sociais (Fig. 24) (Heerwagen, Orians, 2002, Kirkby, 1989). Acrescentar plantas ao laboratório de informática e fazê-los participar em passeios na natureza torna os alunos mais produtivos, menos stressados e mais concentrados. Tendem a ser mais criativos em comparação com os estudantes que fazem um passeio urbano e têm uma sala artificial vazia (Tennessen, Cimprich, 1995).

As crianças mais pequenas utilizam frequentemente ambientes exteriores com plantas, pedras e paus como adereços para brincadeiras imaginativas, que são a chave para o desenvolvimento social e cognitivo. Um estudo sobre as brincadeiras das crianças revelou que um conjunto de arbustos era o local mais popular para brincar no pátio de uma escola primária porque podia ser transformado em muitos locais imaginários: uma casa, uma nave espacial, etc. (Kirkby, 1989).

"Vemos a imagem da rua movimentada e imaginamos automaticamente como é estar lá. E é aí que a nossa capacidade de prestar atenção começa a ser afetada". Isto também ajuda a explicar porque é que, de acordo com vários estudos, as crianças com perturbação de défice de atenção têm menos sintomas em ambientes naturais. Quando estão rodeadas de árvores e animais, têm menos probabilidades de ter problemas de comportamento e conseguem concentrar-se melhor numa determinada tarefa (Lehrer, 2009).

Fig. 24 Educação

4.2.2 Doenças infantis - ADD, ADHD

O cérebro humano é o único órgão do corpo humano que sofre uma maturação substancial após o nascimento. Este processo é moldado pelos estímulos do ambiente em que vivemos (Han, 2010). Este processo dura toda a vida do ser humano. As condições positivas e negativas estão a moldar o nosso cérebro. O ambiente natural evoca emoções positivas, facilita o funcionamento cognitivo e promove a recuperação da fadiga mental para as pessoas que gozam de boa saúde mental. A experiência da natureza (Fig. 25) também pode proporcionar uma pausa para as pessoas que sofrem de doenças mentais crónicas e de curta duração (Han, 2010).

Mais de 2 milhões de crianças nos EUA foram diagnosticadas com Distúrbio de Défice de Atenção (DDA), uma doença que tem efeitos prejudiciais no crescimento social, cognitivo e psicológico. Os sintomas de DDA nas crianças podem ser reduzidos através da atividade em ambientes verdes, pelo que o "tempo verde" pode funcionar como um suplemento eficaz aos tratamentos medicinais e comportamentais tradicionais. As crianças que brincavam em espaços interiores sem janelas apresentavam sintomas significativamente mais graves do que as que brincavam em espaços exteriores com relva, com ou sem árvores (Taylor et al., 2001, Taylor, Kuo, 2009, Kuo, Taylor, 2004). Estudos demonstraram, por exemplo, que os doentes hospitalizados recuperam mais rapidamente quando podem ver árvores das suas janelas e que as mulheres que vivem em habitações públicas conseguem concentrar-se melhor quando o seu apartamento tem vista para um pátio relvado. Mesmo estes vislumbres fugazes da natureza melhoram o desempenho do cérebro, ao que parece, porque proporcionam uma pausa mental da agitação urbana (Lehrer, 2009).

Num outro estudo, as crianças diagnosticadas com Perturbação de Hiperatividade e Défice de Atenção (PHDA) tiveram um melhor desempenho num teste de concentração objetivo após a exposição a um ambiente urbano relativamente natural, em comparação com um ambiente urbano menos natural (Kuo, Taylor, 2004).

De acordo com todos estes factos e estudos, as crianças que vivem em ambientes mais verdes são mais ricas. A possibilidade de sair, brincar na água, olhar para os animais, alimentá-los e tocar-lhes, trepar às árvores é algo que ninguém pode dar a uma criança que está a olhar para o computador a jogar ou a falar com um amigo no Facebook.

Fig. 25 Natureza

4.2.3 Local de trabalho

A experiência na natureza ajuda a restaurar a mente da fadiga mental, do **trabalho**, dos estudos, etc. A experiência do verde da natureza e do ar fresco contribui para melhorar o desempenho e a satisfação no trabalho (Kaplan, 1995, Kaplan, 1993, Shibata, Suzuki, 2002). Uma das principais forças no trabalho é a falta de natureza (Fig. 26), que é surpreendentemente benéfica para o cérebro. Quando um parque é corretamente concebido, pode melhorar o funcionamento do cérebro em poucos minutos. Olhar para um cenário natural pode levar a pontuações mais elevadas em testes de atenção e memória. Enquanto as pessoas procuram formas de melhorar o desempenho cognitivo dopando-se com Red Bull, parece que não é tão eficaz como simplesmente dar um passeio num local natural (Lehrer, 2009).

Os trabalhadores de escritório afirmam que as plantas tornam o ambiente de trabalho mais atrativo e agradável. As plantas e as vistas da natureza têm impacto no desempenho profissional. Num estudo, pessoas em espaços sem janelas, em comparação com pessoas em locais de trabalho com janelas, trouxeram o dobro dos elementos da natureza para as suas áreas de trabalho. Estudos demonstraram uma melhoria da moral dos trabalhadores, uma diminuição do absentismo e um aumento da eficiência dos trabalhadores (Grinde, Patil, 2009, Bringslimark et al., 2007). O facto de ter plantas à vista diminui a incidência de doenças e a quantidade de baixas por doença declaradas pelos próprios. Um estudo concluiu que os trabalhadores com vistas do posto de trabalho que incluíam elementos verdes estavam mais satisfeitos no trabalho e tinham mais paciência, menos frustração, maior entusiasmo pelo trabalho e menos problemas de saúde (Kaplan, 1993). A ausência de vistas para a natureza ou de plantas de interior está associada a níveis mais elevados de tensão e ansiedade nos trabalhadores de escritório (Chang, Chen, 2005).

Fig. 26 Funcionamento

As actividades físicas (Fig. 27) são tão necessárias nos dias de hoje. Trazer superfícies naturais para as cidades proporciona os locais e as oportunidades necessárias para a atividade física, o exercício. O exercício melhora a função cognitiva, a aprendizagem e a memória (van Praag et al., 1999).

Fig. 27 Desporto

4.2.4 Doenças dos adultos - Demência, Alzheimer, MDD, Stress, Depressão

Os doentes com demência que têm acesso a locais ao ar livre, jardins, parques, etc., concebidos para estimular positivamente os sentidos e promover memórias e emoções positivas, têm menos probabilidades de manifestar reacções negativas e acessos de raiva. Melhores padrões de sono, melhor equilíbrio hormonal, diminuição da agitação e do comportamento agressivo têm sido observados em doentes com demência em associação com o contacto com a natureza e o ar livre (Chalfont, Rodiek, 2006).

As experiências na natureza também trazem benefícios para a saúde mental dos idosos. A doença de Alzheimer é um tipo de demência que provoca perturbações da memória, declínio intelectual, desorientação temporal e espacial, diminuição da capacidade de comunicação e de tomada de decisões lógicas e diminuição da tolerância a níveis elevados e moderados de estimulação. Certos ambientes podem fornecer apoio protético aos doentes com demência para compensar as suas capacidades cognitivas reduzidas. Por exemplo, os espaços que têm becos sem saída ou estão cheios de gente podem aumentar a frustração e a ansiedade dos residentes diagnosticados com Alzheimer. Os espaços exteriores de apoio incluem as seguintes caraterísticas de conceção: caminhos em anel, arvoredos ou locais que sirvam de pontos de referência para orientação, plantas não tóxicas, áreas para sentar com sugestão de privacidade e utilização de fragrâncias e cores discretas para acalmar, em vez de estimular negativamente, o doente (Mooney, Nicell, 1992).

A perturbação depressiva major (MDD) também ocorre em qualquer idade e pode ser ajudada através de melhores ligações sociais e exercício físico. Ambos são promovidos pela proximidade de espaços verdes ao ar livre. Num estudo, 71% das pessoas verificaram uma redução da depressão depois de darem um passeio ao ar livre, contra uma redução de 45% das pessoas que deram um passeio no interior. Outro estudo investigou a TDM e descobriu que um programa de exercício pode ser tão eficaz como os antidepressivos na redução da depressão entre os doentes. O valor dos espaços verdes no incentivo ao exercício é relevante para o tratamento dos sintomas de depressão (Wolf, Flora, 2010).

Verifica-se uma perda de concentração e de distractibilidade nos doentes com doenças graves (Fig. 28). Estudos testaram a correlação entre o stress e a função cognitiva em diversas condições em mulheres diagnosticadas com cancro da mama. A participação em actividades que interagem com o meio natural revelou-se benéfica e contribuiu para evitar a fadiga mental. Antes e depois do tratamento ou da cirurgia do cancro da mama (Chalfont, Rodiek, 2006).

Num estudo, foi investigado o efeito das vistas das janelas nos doentes que recuperavam de uma cirurgia abdominal. Os doentes cujos quartos de hospital tinham vista para as árvores tiveram uma recuperação mais fácil do que aqueles cujos quartos tinham vista para paredes de tijolo. Os doentes que puderam ver a natureza saíram mais depressa do hospital, tiveram menos complicações e necessitaram de menos medicação para as dores do que os que foram obrigados a olhar para uma parede. A simples visualização de representações da natureza pode ajudar. Num estudo realizado num hospital sueco, os doentes submetidos a cirurgia cardíaca em unidades de cuidados intensivos puderam reduzir a sua ansiedade e a necessidade de medicação para as dores olhando para imagens que representavam árvores e água (Wolf, Flora, 2010).

Estas e outras conclusões constituem as diretrizes para os projectistas de instalações de cuidados de saúde. Para acalmar os doentes, as famílias e os funcionários, as instalações devem incorporar caraterísticas como vistas da natureza e arte relacionada com a natureza nos quartos dos doentes, aquários nas áreas de espera, átrios com vegetação e fontes e jardins onde os doentes, a família e o pessoal possam encontrar alívio (Clay, 2001).

Fig. 28 Doenças mentais

O stress e a depressão podem ocorrer em qualquer altura da vida. O stress é normalmente uma resposta a mudanças físicas, psicológicas e sociais. Morte de alguém relacionado com a pessoa, doença, saúde mental, problemas financeiros. Muitos estudos demonstraram que os parques diminuem os níveis de stress e melhoram o humor. Quanto mais tempo os participantes permanecem num parque, menos stress apresentam (Davis, 2004).

As actividades ao ar livre podem ajudar a aliviar os sintomas de Alzheimer, demência, stress e depressão e melhorar a função cognitiva das pessoas a quem foi recentemente diagnosticado cancro da mama. A qualidade de vida destes doentes é conseguida dando-lhes acesso a jardins e à natureza.

Capítulo 5. Construção ecológica

*"Deves ter sempre em mente qual é a natureza do todo, e qual é a minha natureza, e como esta está relacionada com aquela, e que tipo de parte é de que tipo de todo; e que não há ninguém que te impeça de fazer e dizer sempre as coisas que estão de acordo com a natureza de que fazes parte. "*Marcus Aurelius

5.1 Exemplos verdes

Troca de telhas por sedums. Telhados verdes. Tectos feitos de plantas. Aproveitamento de espaços desperdiçados. Projetar cidades vivas e edifícios verdes. A arquitetura moderna é essencialmente constituída por blocos fechados de betão e vidro. A indústria das coberturas está apenas no início de um processo de transformação. O objetivo da arquitetura moderna é substituir a pegada no solo por mais vegetação. Esta parece ser a única força de sustentabilidade. Esta parte da obra mostra exemplos de habitações verdes. As plantas ajudam os seres humanos. Áreas verdes fechadas que dão às pessoas natureza e vida selvagem para relaxamento e recreação quotidianos. Experiências ambientais significativas na realidade de cada habitante. Esta parte do trabalho é sobre a arquitetura que tenta integrar a natureza na vida do homem, dando-lhe a oportunidade de tocar na relva, sentir o vento, cheirar a flor, sentir-se relaxado. Existem poucos artistas - botânicos - arquitectos importantes que dedicaram as suas vidas à vegetação. Esta parte do trabalho aponta para pessoas como o pai de um arranha-céus bioclimático, Ken Yeang, que luta contra as questões climáticas, a sustentabilidade e os problemas sociais com telhados, terraços e fachadas verdes, entre outros.

5.1.1 América

Renzo Piano e a sua **Academia de Ciências da Califórnia** (Fig. 29) são um exemplo-piloto de uma grande cobertura verde. O projeto pode, sem qualquer dúvida, ser considerado verde. A Academia tem um telhado verde no topo com 1,7 milhões de plantas, 9 espécies são utilizadas, espécies nativas da Califórnia, pelo que não necessitam de qualquer irrigação especial. Este é o maior telhado de vegetação nativa em São Francisco. Outro benefício ecológico deste projeto é a forma como recolhe a água. Gestão perfeita do escoamento da água, utilização da água para irrigação, descarga das casas de banho, etc. (Jodidio, 2009)

Fig. 29 Academia de Ciências da Califórnia

Michael Van Valkenburgh criou um pequeno telhado verde **ASLA** de 130 m^2 para o edifício da Sociedade Americana de Arquitectos Paisagistas no coração de Washington D.C., que foi instalado em abril de 2006. O projeto foi realizado com o objetivo de demonstrar os benefícios ambientais e estéticos das coberturas verdes. O telhado original do edifício era uma membrana de borracha, que já tinha começado a apresentar fugas de água. Duas unidades HVAC estavam localizadas no centro do telhado. O telhado continha ainda outras três unidades HVAC. O acesso ao telhado estava limitado a uma escada montada na parede e a escotilhas. Por isso, parte do projeto consistia em conceber uma escada para permitir o acesso para visualização e manutenção (Jodidio, 2009).

Partes significativas deste novo projeto de cobertura são duas formas elevadas em forma de onda (Fig. 30), formadas por isolamento rígido. Ambas as formas estão cobertas com um sistema de cobertura verde. Uma onda é coberta com um meio de plantação de cobertura verde semi-intensivo e a segunda é coberta com um meio de plantação de cobertura verde extensivo. A profundidade do solo foi calculada de forma a corresponder à capacidade estrutural da cobertura em cada zona. O efeito das ondas é colocar as plantas ao nível dos olhos, criando um espaço íntimo e semi-fechado no telhado, no meio de uma grande cidade. Todas as unidades HVAC são removidas e cobertas com ondas desenhadas. As formas são construídas a partir de camadas de isolamento de poliestireno extrudido com um esqueleto de aço estrutural ancorado ao terraço do telhado. Os lados do poliestireno são cobertos com material de aço galvanizado que protege o isolamento. Devido ao facto de esta cobertura vegetal ser um projeto, era muito importante que o topo da cobertura concebida fosse visível da rua. O próximo elemento de assinatura desta cobertura é a intenção de tornar verde a maior área possível. Sistema extensivo de cobertura verde - restante cobertura verde da cobertura colocada na zona central e no caminho de acesso da cobertura. Esta parte da cobertura verde é coberta por uma superfície de passeio em grade de alumínio para maximizar o espaço utilizável e os benefícios ambientais. A área sob a grelha tem uma profundidade de solo de 70 mm. A grelha flutua 70 mm acima da superfície do solo, quando madura. Caminhar sobre a grelha ajuda o sedum a aparar. É claro que é previsível que o crescimento do sedum apareça em alguns sítios da grade. O desenho do topo da escada também é verde, mas o telhado aqui desenhado é intensivo. 300 mm de terra e rosas. O desenho do topo do poço do elevador é coberto com 500 mm de terra e sumagre. A treliça metálica no poço do elevador e na escada foi concebida para várias espécies que estão a ser treinadas para crescer nela. Um sistema de irrigação é colocado em ambos os lados para facilitar a rega (Somerville, 2007).

Fig. 30 Esboço de cobertura verde ASLA

Utilizando materiais artificiais para fazer montes leves, ele inventa, de certa forma, uma nova paisagem numa área muito pequena, proporcionando aos utilizadores não só um pouco de vegetação, mas também mudando a sua perspetiva da cidade. Dado que o espaço do telhado é geralmente subutilizado e feio na maioria das cidades. O telhado é transformado numa exposição expressiva da tecnologia de telhados verdes. A natureza trazida para uma cidade é um exemplo de apoio a um espaço social ativo. Este projeto pode ser visto como um pequeno exemplo do que pode ser feito numa escala muito maior, se houver interesse suficiente no espaço público e incentivo financeiro (Jodidio, 2009).

Um facto interessante sobre esta realização são as combinações. Combinação de edifício sólido e telhado feito e combinação de ambiente artificial e natural. Esta estratégia de integração da natureza na habitação é um ótimo exemplo de uma forma positiva de design ecológico.

5.1.2 Europa

O homem do verde **Patrick Blanc**, que vence o sistema com jardins verticais**.** Patrick Blanc patenteou um método hidropónico para o cultivo de plantas em paredes verticais (Fig. 31). Combinação de arquitetura e paisagem, tornando as cidades cinzentas mais verdes, arrefecendo as superfícies dos edifícios no verão e aquecendo-as no inverno. Podem ser obtidos benefícios psicológicos, a vegetação retém poluentes microscópicos que podem causar doenças respiratórias. Um dos muitos exemplos de parede verde é o **Caixa Forum** em Madrid (Séguin, 2014). Esta parede viva pode ser um exemplo desta estratégia quando os aspectos inorgânicos estão a ser ligados aos orgânicos.

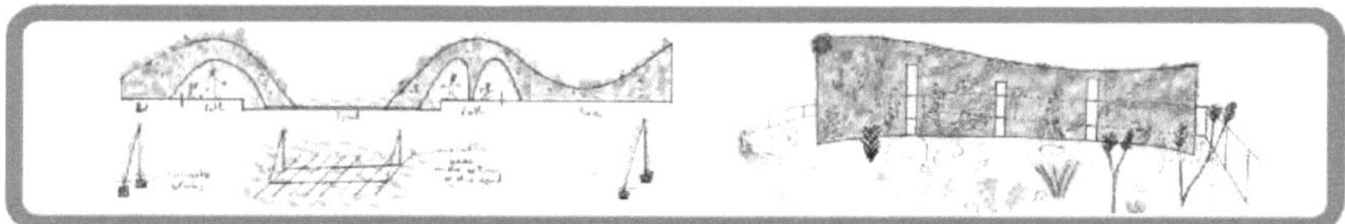

Fig. 31 Esboços de paredes verdes

Friedensreich Hundertwasser e a sua **Hundertwasserhaus, Waldspirale, espiral florestal de Darmstadt**. Construída em Viena em 1986, com talvez a vegetação mais extensa no interior e exterior de qualquer edifício que não fosse uma ruína na altura (Fig. 32). O Waldspirale tem 105 apartamentos. Este edifício pode ser considerado como um forte testemunho da sua crença e teoria. Nada de linhas rectas e fidelidade à natureza. O seu entusiasmo pelas formas arredondadas e irregulares nasceu de um desejo de se ligar à natureza e de estimular a criatividade natural dos construtores e dos habitantes. As suas estruturas captam e revelam a sua convicção de que a vegetação deve crescer em todas as superfícies horizontais. Ele disse: *"A relva e a vegetação na cidade devem crescer em todos os espaços horizontais. Ou seja, onde quer que a chuva e a neve caiam, deve crescer vegetação, nas estradas e nos telhados. "*(Yoneda, 2011).

Fig. 32 Hundertwasserhaus

O edifício começa a erguer-se no canto sudoeste do terreno, num prado constante, até uma altura final. O ponto mais alto do edifício tem 12 andares. Subindo ao telhado, é possível aceder a um café e a um bar. O edifício tem mais de 1000 janelas. Não há duas janelas iguais. Material encontrado e formas orgânicas variadas cobrem as superfícies. Muitas destas janelas têm um inquilino, uma árvore, que cresce mesmo através delas ou à sua frente. A aversão do autor às linhas rectas e a inspiração na natureza podem ser encontradas nos interiores. Os cantos entre as paredes e o teto são arredondados em cada apartamento. O seu profundo amor pela natureza e as aspirações orgânicas são palpáveis nesta casa. Ele disse: *"Se o homem caminha no meio da natureza, então ele é um convidado da natureza e deve aprender a comportar-se como um convidado bem educado".* O telhado do edifício, em grande espiral, é encimado por uma floresta incrível. Faias, áceres e tílias crescem neste telhado sinuoso. As árvores são consideradas inquilinas e crescem a partir das suas próprias janelas. Os pisos planos são proibidos, uma superfície irregular é *"uma melodia para os pés".* Os residentes podem inclinar-se para fora das suas janelas. O telhado é uma selva menor. Os pavimentos curvam-se e rolam. As árvores nascem do solo que cobre o telhado (Yoneda, 2011).

O entusiasmo dos arquitectos pelas formas arredondadas e irregulares, pelas estruturas irregulares, o desejo de se ligarem à natureza e de explorarem a criatividade natural dos construtores e dos habitantes é visível neste edifício. A espiral florestal de Darmstadt é um exemplo bastante antigo, mas muito preciso, de arquitetura sustentável. Em primeiro lugar, a forma da arquitetura é muito natural, vincada e suave. Os interiores, os exteriores, a forma da casa, as janelas, as portas e as varandas têm formas naturais que fazem lembrar a natureza selvagem e as formas naturais básicas e relaxantes. Aqui, a natureza é trazida para a cidade e para a habitação urbana, o que é uma comodidade muito desejável para muitos arquitectos. A possibilidade de dar às pessoas a oportunidade de andarem descalças e de se sentarem debaixo de uma árvore. Este é um exemplo com muitos espaços verdes, muitos espaços livres, árvores, relva e terraços. O local oferece às pessoas áreas para relaxar, trabalhar, reunir-se e passar o seu tempo livre. (Yoneda, 2011).

5.1.3 Ásia

Tadao Ando interessa-se pela construção subterrânea. A sua profunda inclinação para os espaços subterrâneos consiste em tentar criar uma arquitetura que nunca se imponha ao seu ambiente (Jodidio, 2009). Enterrar a arquitetura (Fig. 33), cobrindo os edifícios com terra e vegetação, é um método muito antigo de melhorar a sustentabilidade. **O museu de arte Chichu**, em Naoshima, é um exemplo de como conceber a arquitetura copiando a natureza.

Fig. 33 Museu de arte Chichu

Capítulo 6. O verde na lei

*"A terra não continuará a oferecer a sua colheita, exceto com uma administração fiel. Não podemos dizer que amamos a terra e depois tomar medidas para a destruir para uso das gerações futuras. "*João Paulo II.

6.1 Políticas Verdes

É uma pena que, devido à má situação climática, sejam poucos os países que se preocupam com a sustentabilidade e o ambiente. Alguns países adoptaram políticas em matéria de telhados verdes apenas devido a conferências sobre questões ambientais, mas em alguns países as pessoas adoptaram a ideia de proteger o ambiente porque quiseram. Os países mais comuns com políticas obrigatórias em matéria de telhados verdes são a Alemanha, a Suíça, a Inglaterra, o Canadá, os EUA, Singapura, a Austrália e a China.

6.1.1 Canadá, Toronto

Toronto é o primeiro exemplo de uma cidade que tem uma lei sobre coberturas verdes desde 2010. A lei exige telhados verdes em novos empreendimentos comerciais, institucionais e residenciais com uma área bruta mínima de 2000 m^2 . Os edifícios residenciais com menos de 6 andares ou 20 m de altura estão isentos da obrigação de ter um telhado verde (Tab. 2) (Benfield, 2012). A lei aplica-se a novos pedidos de licença de construção para edifícios industriais ou adições a edifícios industriais, onde a área bruta de pavimento é de 2000 m^2 ou superior.

Tab. 2 Lei verde de Toronto

Gross floor area	Coverage of available roof space
2 000 m^2 – 4 999 m^2	20 %
5 000 m^2 – 9 999 m^2	30 %
10 000 m^2 – 14 999 m^2	40 %
15 000 m^2 – 19 999 m^2	50 %
20 000 m^2 or greater	60 %

De acordo com a lei, os edifícios industriais são obrigados a fornecer os seguintes elementos:

- cobertura verde cobrindo o menor dos dois valores: 10% da área disponível do telhado ou 2000 m^2

- um telhado que utilize materiais de cobertura frios em 100% do espaço de telhado disponível e que cumpra as medidas de desempenho da gestão das águas pluviais exigidas através do processo de aprovação do plano do local. Quando a aprovação do local não é necessária, os primeiros 5 mm de cada precipitação ou 50% do volume anual de precipitação que cai no telhado são retidos ou recolhidos para reutilização, pelo menos através de sistemas que não incorporam superfícies de telhado (Benfield, 2012). A imagem foi desenvolvida por estudantes da Universidade de Toronto. A imagem ilustra a situação atual e as alterações que poderão ocorrer num ano e em dez anos (Fig. 34).

Fig. 34 Expansão das coberturas verdes em Toronto

6.1.2 Austrália, Melbourne

Os telhados verdes, por si só, não serão capazes de resolver o problema da sustentabilidade da cidade. No entanto, podem contribuir para uma abordagem mais alargada do desenvolvimento urbano. A política de Melbourne apoia os telhados verdes e pretende ajudar a maximizar os benefícios ambientais que os telhados verdes oferecem.

6.1.3 Europa, Copenhaga, Basileia

Copenhaga inspirou-se nas principais cidades do mundo. Desde 2008, tem-se concentrado na integração de telhados verdes como parte do desenvolvimento urbano. Este processo envolveu a aprendizagem e a partilha com colegas de todo o mundo. Desde 2010, Copenhaga impõe a inclusão de telhados verdes nos novos planos locais. Os telhados verdes são uma parte importante da estratégia da cidade para enfrentar os desafios das alterações climáticas, aumentar a biodiversidade e criar uma cidade mais verde. É muito interessante ver como a política pode levar ao crescimento verde. Os telhados verdes já começaram a mudar a arquitetura e o planeamento urbano em todo o mundo. Proporcionam-nos uma oportunidade única de transformar milhares de superfícies tradicionais. Podem transformar os telhados em parques, hortas e belas vistas verdes. Em 2009, a Dinamarca foi responsável pela Conferência das Nações Unidas sobre Alterações Climáticas COP15. O principal tema da conferência foi as alterações climáticas, estratégias e desafios. Desde então, os telhados verdes são obrigatórios na maioria dos novos planos locais. Um cálculo baseado nos novos planos locais que impõem a instalação de telhados verdes dá um total de 200 000 m^2 de telhados verdes a instalar. Atualmente, a cidade de Copenhaga tem mais de 40 telhados verdes (Merchant, 2010).

O resultado de vários anos de investigação conduziu a uma alteração das leis de construção. A regulamentação suíça sobre a utilização dos solos em **Basileia** determinou que a interferência no ambiente natural deve ser reduzida ao mínimo e que os solos devem ser utilizados de forma sustentável. A lei federal sobre a conservação do património natural e cultural exige a proteção das espécies ameaçadas de extinção. De acordo com estas regras, Basileia impõe a conceção e a utilização de substratos para coberturas verdes extensas como parte da sua atual estratégia de biodiversidade. Em geral, os telhados verdes serão construídos em todos os novos edifícios com telhados planos. Nos telhados com uma superfície superior a 500 m^2 , o substrato será constituído por solo natural adequado da região circundante (Brenneisen, 2006).

6.2 Políticas azuis Propostas

A ideia de utilizar instrumentos como a lei relativa aos telhados verdes, a política de cobertura dos telhados, etc., para ajudar o ambiente, o clima e a sustentabilidade é histórica. Ajudar a natureza é hoje em dia importante. As cidades impuseram a obrigatoriedade de telhados verdes. Este pode ser o primeiro passo para perceber o facto de que a obrigatoriedade de telhados azuis pode ser outro grande passo para os seres humanos.

A água da chuva deve ser recolhida e reciclada. As águas de superfície precisam de ser retidas. Combinada com infra-estruturas verdes, a gestão das águas pluviais permite que os processos naturais se infiltrem, evapotranspirem ou captem e utilizem as águas pluviais, gerando potencialmente outros benefícios ambientais.

A conceção ecológica deve criar sistemas de drenagem urbana sustentáveis que possam funcionar como habitats de zonas húmidas, não só para aliviar as inundações, mas também para criar faixas de proteção para os habitats. Temos de perceber que coisas como a gestão das águas superficiais maximizam o potencial dos habitats (Hart, 2011).

De acordo com estes factos, os telhados verdes com boas caraterísticas de gestão da água podem significar muito para os seres humanos no futuro. É uma questão de tempo, quando a construção deste tipo de telhados será obrigatória, tal como a construção de telhados verdes é, infelizmente, apenas em alguns países.

Capítulo 7. Azul

E Deus disse: *"Que haja uma abóbada entre as águas para separar água de água".* E Deus fez a abóbada e separou a água que estava debaixo da abóbada da água que estava por cima. E assim foi. E Deus chamou à abóbada "céu". E houve uma tarde e uma manhã - o segundo dia. E Deus disse: *"Que a água debaixo do céu se junte num só lugar, e que apareça terra seca". E* assim aconteceu. Deus chamou à terra seca "terra", e às águas reunidas chamou "mares". E Deus viu que era bom.

7.1 Teoria azul

Todos os dias, muitos hectares de terrenos abertos são utilizados para novos empreendimentos residenciais ou comerciais. Uma consequência negativa deste facto é que a capacidade natural do terreno para absorver o excesso de precipitação se perde sob a nova paisagem dura e os sistemas de drenagem de águas superficiais existentes são pressionados, resultando num risco acrescido de inundações localizadas. À medida que a população humana começou a expandir-se e a perturbar mais a natureza, as cidades, vilas e subúrbios ficaram cheios de estradas, edifícios e parques de estacionamento construídos. Devido ao facto de os terrenos estarem cheios de betão e asfalto, superfícies impermeáveis, a água escorre das superfícies e reduz a infiltração nas águas subterrâneas. Os campos agrícolas, os terrenos suburbanos e urbanos estão a ser substituídos por superfícies não naturais. A necessidade de recuperar as zonas verdes está a tornar-se cada vez mais crítica. Uma das soluções potenciais para este problema, para além da parede verde, é o telhado verde, uma agenda mundial. Este problema é causado pelas alterações climáticas e pelo aumento da densidade das cidades. Os telhados verdes podem ser infra-estruturas únicas nas nossas cidades.

Os telhados verdes ajudam a contrariar as consequências do aumento das áreas de paisagismo duro. Armazenam a água da chuva, reduzem o escoamento da água e atrasam a descarga no sistema de drenagem. Isto reduz a pressão sobre o sistema de drenagem local, enquanto a evaporação da água dos telhados verdes ajuda a melhorar o microclima local (Poorova et al., 2014).

O objetivo da gestão moderna das águas pluviais é utilizar a água da precipitação tanto quanto possível e descarregar o mínimo possível no sistema de esgotos. Os componentes que desempenham um papel importante são os seguintes

- jardinagem no telhado
- aproveitamento de águas pluviais
- de molho
- lagoas (Markovic et al., 2014, Kaposztasova et al., 2014)

As coberturas verdes retêm entre 40 e 90 por cento da precipitação anual, dependendo da sua camada e da região de precipitação. As plantas e a vegetação consomem a água retida e devolvem-na ao ambiente através da evaporação. O efeito positivo resultante inclui o arrefecimento, a humidificação e a limpeza do ar. A carga sobre o sistema de esgotos é significativamente reduzida e as dispendiosas medidas de prevenção de inundações podem ser minimizadas ou mesmo completamente omitidas (Somerville, 2007).

7.2 Diretrizes azuis

As diretrizes para coberturas verdes internacionalmente aceites, publicadas pela organização alemã FLL, incluem o estado da arte dos cálculos de escoamento. Também a norma europeia EN 12056-3 faz referência às diretrizes da FLL. As diretrizes definem tanto a retenção anual de água como o coeficiente de descarga *"C"* para coberturas verdes, dependendo da profundidade de acumulação. O coeficiente de descarga C ajuda principalmente a calcular a capacidade necessária dos sistemas de drenagem. As diretrizes FLL especificam um método de ensaio especial para comprovar o coeficiente de descarga C. Este método mede o pior cenário possível de um telhado verde que sofre uma saturação completa de água e o escoamento resultante de uma inclinação do telhado de 2% durante um evento de precipitação de 15 minutos com uma taxa de precipitação de 300 litros por segundo/hectare. O coeficiente de descarga C dá o rácio entre o escoamento da água da chuva e a precipitação intensa (Norma EN 12056-3, 2000).

7.3 Azul Especificações

Nesta parte, são apresentados alguns exemplos de diferentes soluções de sistemas de cobertura. São descritos telhados leves (Tab. 3, Tab. 4), económicos (Tab. 5, Tab. 6) e de retenção (Tab. 7, Tab. 8). As suas camadas de construção e as caraterísticas de cada telhado são nomeadas. As caraterísticas: retenção de água, coeficiente de descarga e armazenamento de água são importantes, porque se percebe o facto de as caraterísticas do telhado serem diferentes consoante a sua construção e design.

O telhado leve, em termos de retenção de água, pode ser considerado como um telhado com as caraterísticas de menor retenção. Por outro lado, quando o comparamos com um telhado normal, este consegue reter 18l/m .[2]

Tab. 3 Camadas de cobertura ligeiras

Optigreen Pre-cultivated Sedum Vegetation Mat Type SM/G
Optigreen Low Density Substrate Type L (30 l/m²)
Optigreen Drainage Board Type FKD 25 (25 mm)
Optigreen Protection and Storage Fleece Type RMS 300
Waterproofing membrane
Suitable substructure

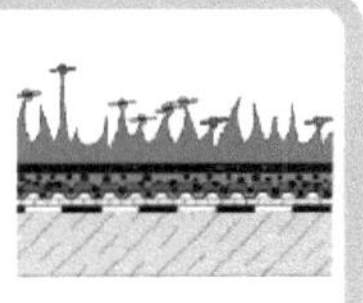

Tab. 4 Especificações técnicas do teto leve

Weight	53 kg/m²
Layer height	50 mm
Roof pitch	0-5° (0-9%)
Vegetation form	moss-sedum
Water retention	40-50%
Discharge coefficient	C=0,63-0,65
Water storage	18 l/m²
Ecological value	■ □ □ □ □
Maintenance costs	■ ■ □ □ □
Cost factor	■ ■ ■ □ □

O segundo telhado observado, o económico, tem melhores qualidades de retenção, sendo capaz de reter 25l/m .[2]

Tab. 5 Camadas de telhados económicos

Optigreen Pre-cultivated Sedum Vegetation Mat
Optigreen Extensive Substrate Type E (60 mm)
Optigreen Filter Fleece Type 105
Optigreen Drainage Board Type FKD 25 (25 mm)
Optigreen Protection and Storage Fleece Type RMS 300
Waterproofing membrane
Suitable substructure

Tab. 6 Especificações técnicas do telhado económico

Weight	90-140 kg/m²
Layer height	80 mm
Roof pitch	0-5° (0-9%)
Vegetation form	sedum-herbs-grasses
Water retention	50-60%
Discharge coefficient	C=0,47-0,60
Water storage	25 l/m²
Ecological value	■ ■ □ □ □
Maintenance costs	■ □ □ □ □
Cost factor	■ □ □ □ □

Tab. 7 Camadas do telhado de retenção

Perennial plants and/or Optigreen Seed Mix Type E
Optigreen Extensive Substrate Type E (60 - 90 mm)
Optigreen Filter Fleece Type 105
Temporary water reservoir
Optigreen Meander Panel 60 (60 mm)
Permanent water reservoir
Optigreen Protection and Storage Fleece Type RMS 300
Waterproofing membrane
Suitable substructure

Tab. 8 Especificações técnicas do teto de retenção

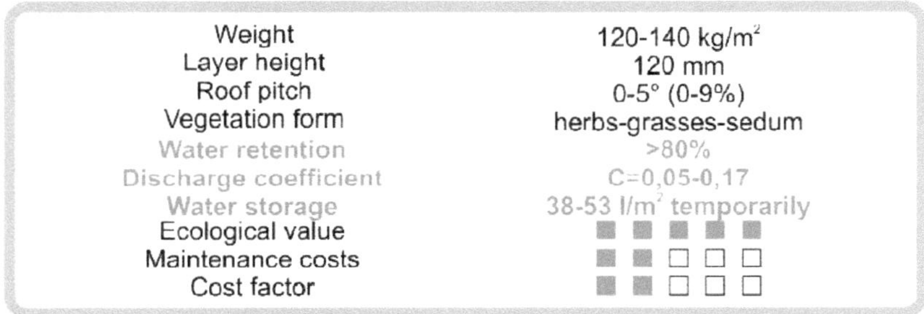

Weight	120-140 kg/m²
Layer height	120 mm
Roof pitch	0-5° (0-9%)
Vegetation form	herbs-grasses-sedum
Water retention	>80%
Discharge coefficient	C=0,05-0,17
Water storage	38-53 l/m² temporarily
Ecological value	■ ■ ■ ■ ■
Maintenance costs	■ ■ □ □ □
Cost factor	■ ■ □ □ □

O telhado de retenção tem as melhores qualidades de retenção de água, podendo reter 38-53 m .[2]

7.4 Experiência Azul

Nesta parte do trabalho, são explicadas algumas experiências conducentes a futuros estudos e investigações futuras. Cada experiência incide especialmente na retenção de água.

7.4.1 Abrigos para bicicletas

Pequenas coberturas verdes em pequena escala urbana. Existem muitos exemplos de paragens de autocarro e abrigos de garagem no estrangeiro. O objetivo desta parte do trabalho é mostrar que a conceção de um pequeno telhado verde numa cidade do centro da Europa pode ajudar. Criar um microclima, filtrar poeiras e substâncias nocivas, humidificar o ar, baixar a temperatura do ar circundante e gerir a água da chuva.

Fig. 35 Abrigos para bicicletas

Três abrigos para bicicletas (Fig. 35) no campus TUKE em Kosice estão prestes a ser projectados. O objetivo de tornar verde o topo do abrigo é observá-lo e utilizar todas as medições para investigação futura. Haverá três soluções de construção diferentes, cada uma das quais será utilizada num abrigo, descritas nas Tab. 9, Tab. 10 e Tab. 11, para que possam ser comparadas.

Tab. 9 Camadas da cobertura verde do abrigo para bicicletas, versão n.1

resistant vegetation	-
soil	80 mm
300 g filter fabric	-
rigid insulation	different heights
roof protection barrier	-
trapezium metal plate joined to load bearing structure	-

Tab. 10 Camadas da cobertura verde do abrigo para bicicletas, versão n.2

resistant vegetation	-
soil	80 mm
300 g filter fabric	-
water holding drainage layer	20 mm
300 g filter fabric	-
rigid insulation	different heights
roof protection barrier	-
trapezium metal plate joined to load bearing structure	-

Tab. 11 Camadas da cobertura verde do abrigo para bicicletas, versão n.3

resistant vegetation	-
insulation board	50 mm
400 g drainage mat	-
300 g filter fabric	-
rigid insulation	different heights
roof protection barrier	-
trapezium metal plate joined to load bearing structure	-

7.4.2 Tectos experimentais

Existem três planícies feitas de aço com uma inclinação ajustável entre 0° e 60° (Fig. 36) no campus TUKE em Kosice. O objetivo de tornar as planícies verdes é observá-las e utilizar todas as medições para investigação futura. As camadas dos telhados verdes ainda não foram especificadas.

Fig. 36 Tectos experimentais

7.4.3 Casinha de cão

A construção é simples. A disposição da casota é: vestíbulo e quarto do cão. A construção é constituída pelo chão, cinco paredes e o teto. A entrada para o quarto do cão faz-se no interior da casota a partir do vestíbulo, por baixo do telhado. O telhado é um corredor com 22° de inclinação. As dimensões do chão são 800x800 mm. As dimensões do telhado são 1000x1000 mm. O telhado tem uma saliência de 100 mm sobre o chão de cada lado. A altura da parede com a entrada é de 450 mm, a altura da parede oposta é de 750 mm. O elemento caraterístico deste telhado é a divisão horizontal em três partes (Fig. 37). A divisão tem razões estéticas, mas a principal razão é evitar o deslizamento do solo. Há buracos nas partes inferiores da construção que dividem o telhado em três partes. Estes buracos asseguram o escoamento da água durante as chuvas de tempestade. A construção da casota é feita com placas OSB de 15 mm de espessura.

O compartimento do cão é isolado com isolamento térmico. A construção do telhado verde da casota do cão é descrita na Tab. 12.

Fig. 37 Telhado da casota

Os processos a monitorizar para investigação futura são: retenção de águas pluviais, temperatura, qualidade da água e desempenho das plantas. As poupanças de energia não podem ser monitorizadas devido ao facto de o edifício ser utilizado como casota para cães. A qualidade da água, a retenção de água e os litros mantidos fora do sistema de esgotos da cidade podem ser monitorizados. O telhado verde não deve adicionar qualquer azoto ao escoamento. Os testes de qualidade da água devem mostrar que o escoamento de água contém menos poluentes do que o escoamento de água normal. Mais significativamente, o telhado deve reduzir a quantidade de azoto que entra na bacia hidrográfica. O telhado verde deve ser mais fresco do que os telhados pretos convencionais dos edifícios da vizinhança. As diferenças de temperatura devem ser maiores nos dias mais quentes.

Tab. 12 Camadas da cobertura verde da casota de cão

vegetation	-
soil	60 mm
300 g filter fabric	1,5 mm
water holding drainage layer	10 mm
waterproof membrane	0,1 m
waterproof coating	2 coats of paint
osb board	15 mm

7.4.4 Blocos de apartamentos em Kosice

Há muitos hectares de betume possíveis nos nossos telhados. Na cidade de Kosice existem zonas habitacionais, zonas construídas, zonas verdes, zonas naturais, etc. Atualmente, nenhuma das zonas habitacionais de Kosice pode ser classificada como *"zona habitacional ecologicamente equilibrada"* (Poórová et al., 2014). Não existe nenhum edifício com telhado verde no topo de um bloco de apartamentos. A ideia de recalcular as possíveis áreas de telhados verdes no topo destes edifícios pode ser interessante para estudos futuros que permitam chegar a muitas conclusões. Quanta área cinzenta poderá um dia tornar-se verde. Quantos benefícios isso significaria para o edifício e também para as pessoas que vivem perto e no edifício. Mas, para este trabalho, a questão mais interessante seria a de saber quanta água poderia ser poupada e abrandada se tornássemos verdes os telhados destes edifícios.

Capítulo 8. Visão do meandro

"Penso que os edifícios devem imitar os sistemas ecológicos" Ken Yeang

Qualquer cobertura verde com diferentes camadas de cobertura actua como um rio sinuoso em termos de retardamento da descarga. A primeira camada a abrandar o fluxo de água é a camada de vegetação. A segunda camada que abranda o fluxo de água é a média. A espessura média reflecte o atraso. As terceiras camadas que retardam o fluxo de água são todas as outras camadas do telhado, véus, camadas de drenagem, etc.

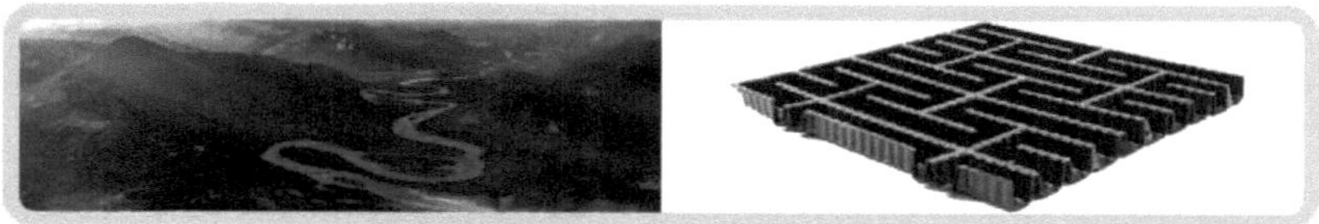

Fig. 38 Meandro

O princípio subjacente ao sistema de meandro patenteado Optigreen é tão simples quanto eficaz. Foi desenvolvido para aplicações especiais *de "atraso de descarga e drenagem"*. A água excedente é recolhida nas células, a água flui ao longo de um percurso sinuoso de uma câmara para outra, tal como um rio ou um ribeiro com meandros naturais. Durante uma chuva intensa, as câmaras do quadro enchem-se de água e esta passa de uma câmara para a outra, provocando um longo atraso na descarga do excesso de água. Como a água passa através dos elementos do sistema num percurso sinuoso, a distância de drenagem é aumentada até 13 vezes, atrasando assim a descarga. Trata-se de uma descarga sinuosa. Simultaneamente, o desempenho de drenagem sob o elemento de drenagem é extremamente elevado. O armazenamento de água a longo prazo que está disponível para a vegetação tem uma capacidade de 17 l/m^2 , enquanto a reserva máxima é de 32 l/m^2 (Dostalova, 2015).

As soluções do sistema podem ser combinadas com outros aspectos da gestão descentralizada das águas residuais, de modo a reduzir a zero a descarga nos esgotos.

Esta parte do trabalho diz respeito à visão da investigação. A visão MEANDER (Fig. 39) divide o trabalho em duas grandes etapas de investigação. Monitorização das experiências e avaliação da retenção. De acordo com o tema do trabalho, o primeiro passo é o estudo dos documentos de base, o desenvolvimento da metodologia e a preparação das experiências. As experiências referidas no capítulo anterior, mas também os telhados reais. A monitorização da experiência consistirá na recolha de dados, na monitorização da precipitação e no processamento das medições. A parte mais importante deste passo deve incluir medições no local.

O passo seguinte é a avaliação e a análise ambiental. O objetivo temático é observar a retenção de água, o coeficiente de descarga e as caraterísticas de armazenamento de água dos telhados utilizados na investigação. A última parte deste passo deve ser a avaliação de todos os resultados obtidos nas partes anteriores da investigação. Avaliação da retenção, documentação do relatório e elaboração de projectos para trabalhos futuros. A resolução de problemas faz parte de ambas as etapas da visão

MEANDER.

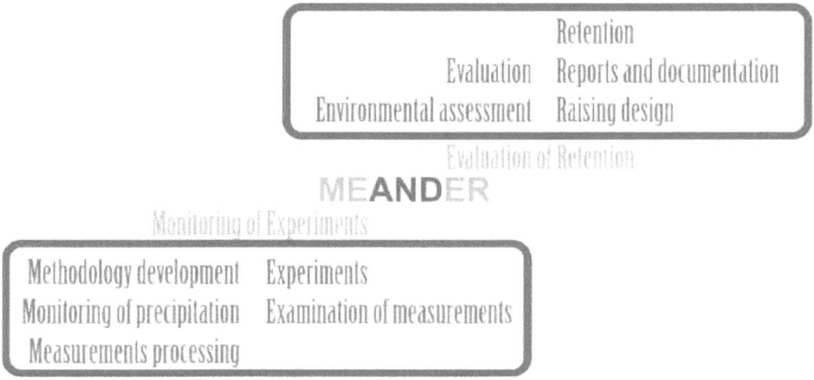

Retention
Evaluation Reports and documentation
Environmental assessment Raising design
Evaluation of Retention
MEANDER
Monitoring of Experiments
Methodology development Experiments
Monitoring of precipitation Examination of measurements
Measurements processing

Fig. 39 Visão MEANDER

Conclusão

"Diz-se que algo tão pequeno como o bater de asas de uma borboleta pode provocar um tufão a meio mundo de distância. "

A arquitetura verde é um método potencial para combater a destruição do ambiente natural. O conceito de arquitetura verde tem de ser compreendido e reinterpretado. A ecologia urbana e as questões ambientais devem tornar-se parte integrante do desenvolvimento, da construção, mas também da política e da forma como as pessoas pensam e vivem. A arquitetura verde oferece grandes oportunidades. Locais arquitectónicos inúteis como os telhados. Estes espaços típicos de escritórios nas nossas cidades estão a tornar-se um remédio para a construção de um ambiente mais saudável através de práticas mais sustentáveis. Os telhados verdes são uma integração benigna do ambiente artificial e natural com, por exemplo, qualidades de retenção de água.

Uma das questões deste trabalho é o que aconteceria aos nossos hábitos, edifícios, ambiente, vidas, saúde, se construíssemos telhados verdes e azuis. Quanta água poderíamos manter acima das nossas cabeças e quais seriam as possibilidades para nós agora e para as nossas gerações futuras.

Esta obra dá uma visão geral muito breve do tema dos telhados verdes em muitos termos. O verde na história, no presente, na legislação, nos exemplos, nas possibilidades verdes, nas caraterísticas e termina em azul. As principais tarefas com as suas próprias subtarefas para a próxima investigação foram descritas na visão MEANDER. Monitorização, experiências, avaliação e retenção.

Os telhados verdes oferecem soluções para encontrar um lugar para a natureza, a natureza selvagem e a água num mundo concebido. Uma abordagem positiva à escala local pode também ter um impacto positivo a nível mundial. Tal como o bater de asas de uma borboleta.

Bibliografia

LIVRO

[1] BLANC, Patrick: O jardim vertical. Da natureza para a cidade. Londres: W.W. Norton&Company, 2012. ISBN 978 0 393 73379 2

[2] DUNETT, Nigel - KINGSBURY, Noel: Plantando telhados verdes e paredes vivas. Portland*Oregon: Timber press, 2004. ISBN 978 0 88192 911 9

[3] HART, Sara: EcoArchitecture the work of Ken Yeang. Itália: Wiley, 2011. ISBN 978 0 470 72140 7

[4] HEERWAGEN, Judith H. - ORIANS, Gordon H.: As crianças e a natureza: Investigações psicológicas, socioculturais e evolutivas. Cambridge: MIT Press, 2002. ISBN 0 262 61175 9

[5] JODIDIO, Philip: Green architecture now! Colónia: Taschen, 2009. ISBN 978 3 8365 0372 3

[6] NORBERG-SCHULZ, Christian: Genius loci: Para uma fenomenologia da arquitetura. Nova Iorque: Rizzoli, 1991. ISBN 084 7 8028 76

[7] RICHARDS, Ivor: Green Ken Yeang eco scyscraper. Londres: Images publishing, 1998. ISBN 978 1 86470 268 2

[8] SNODGRASS, Edmund C. - SNODGRASS, Lucie L.: Plantas para telhados verdes. Portland*Londres: Timber press, 2006. ISBN 978 0 88192 787 0

[9] YEANG, Ken: Planeamento económico: Itália: Wiley, 2011. ISBN 978 0 470 69729 0

[10] YEANG, Ken - SPECTOR, Arthur: Green design. Da teoria à prática. Londres: Black dog publishing, 2011. ISBN 978 1 907317 12 5 ARTIGO CIENTÍFICO

[11] FLIMEL, Marian. Diferenças Ug - valores de vidros medidos in situ com os factores de influência do ambiente interno. Em Advanced Materials research, vol. 649 (2013), p.61-64 ISBM 978 03785 596 6

[12] FLIMEL, Marian. Interações entre as fontes de luz artificial e os vidros das janelas dos edifícios. Em Przegl^d Elektrotechniczny, vol. 8 (2013), p.100-103 ISBM 0033 2097

[13] SEMANCIK, M. Vegetacne strechy na hornom Spisi. (Tectos verdes na parte superior de Spis). In Pamiatky a muzea (Revue pre kulturne dedicstvo), vol.3 (2014), p. 57-61 ISSN 1335 4353

PROCESSO DE CONFERÊNCIA

[14] KAPOSZTASOVA, Daniela - VRANAYOVA, Zuzana - MARKOVIC, Gabriel: A água cinzenta como parte do ciclo da água num edifício. In Water Supply and Drainage for Buildings, 2014 p. 437-444

[15] MARKOVIC, Gabriel - KAPOSZTASOVA, Daniela - VRANAYOVA, Zuzana: A análise da possível utilização de água da chuva colhida e seu potencial para o abastecimento de água em condições reais. Em WSEAS Transactions on Environment and Development, 2014 p. 242-249 ISSN 2224-3496

[16] POOROVA, Zuzana - KALEJA, Pavol - TOTH, Stanislav - VRANAYOVA, Zuzana: Análise e comparação das propriedades económicas dos telhados inclinados vegetativos de parede única e dos telhados normais. In 10. mezinarodni konference Zdrave domy 2014, 2014 p. 143-153 ISBN 978 80 214 4912 1

[17] POOROVA, Zuzana - KALEJA, Pavol - TOTH, Stanislav - KOZLOVSKA, Maria - VRANAYOVA, Zuzana: Vantagens financeiras das coberturas standard e vegetativas . In Zbornik vedeckych prac 4: Progressive Multifunctional Building Materials, Constructions and Technological Methods - One Step Closer to Green Visegrad in V4 Countries, 2014 p. 77-86 ISBN 978 80 553 1681 9

[18] POOROVA, Zuzana - TOTH, Stanislav - VRANAYOVA. Zuzana: Projetando telhados verdes em Kosice (Eslováquia) como habitats. In SGEM 2014 : Conferências Científicas Internacionais Multidisciplinares em Ciências Sociais e Artes : Artes, Artes do Espetáculo, Arquitetura e Design, 2014 p. 625631 ISBN 978-0-9928772-2-4

PADRÃO

[19] Norma n. 555/2005 Desempenho energético do edifício. online <http://www.sksi.sk/buxus/generate_page.php?page_id=928> Retrieved: 17 de fevereiro de 2015

[20] Norma n. 300/2012 Desempenho energético do edifício. online < http://www.sksi.sk/buxus/docs/zakon_300_2012_zmena_zakona555_20 05.pdf> Retrieved: 26 de janeiro de 2016

[21] Norma EN 12056-3 Sistemas de drenagem por gravidade no interior de edifícios - parte 3: drenagem do telhado, disposição e cálculo. online <http://shop.bsigroup.com/ ProductDetail/?pid=000000000030162802> Retrieved: 17 de fevereiro de 2015

ARTIGO CIENTÍFICO ONLINE

[22] BERTO, Rita - ZAINAGHI, Alessandra - BETTELLA, Sandro. 2010. Um estudo exploratório do efeito de ambientes de alto e baixo fascínio na fadiga atencional. In Journal of environmental psychology [online]. 2010, vol. 30, no. 4. online <http://www.sciencedirect.com/science/ article/pii/S0272494409001054> Retrieved: 4 de fevereiro de 2015

[23] BRENNEISEN, Stephan. 2006. Espaço para a vida selvagem urbana: Conceber telhados verdes como habitats na Suíça. In Urban habitats [online]. 2006, vol. 4 no. 1. online online < http://urbanhabitats.org/v04n01/wildlife_ pdf.pdf> Retrieved: 5 de fevereiro de 2015

[24] BRINGSLIMARK, Tina - HARTIG, Terry G. - PATIL, Grete G. 2007. Benefícios psicológicos das plantas de interior nos locais de trabalho: Colocando os resultados experimentais em contexto. In Hortscience [online]. 2007, vol. 42, no. 3. online<http://hortsci.ashspublications.org/content/42/3/581.full. pdf> Retrieved: 4 de fevereiro de 2015

[25] CHALFONT, Eliot C. - RODIEK, Susan. 2005. Construir o limite: Uma abordagem ecológica à investigação e conceção de ambientes para pessoas com demência. Em Alzheimer's Care Today [online]. 2005, vol. 6, no. 4. online<http://www.nursingcenter.com/lnc/journalarticle?Article_ID=60793>Retrieve

d: 4 de fevereiro de 2015

[26] CHANG, Chen Y. - CHEN, Ping K. 2005. Resposta humana a vistas de janelas e plantas de interior no local de trabalho. In Hortscience [online]. 2005, vol. 40, no. 5. online <http://hortsci.ashspublications.org/content/ 40/5/1354.full.pdf> Retrieved: 4 de fevereiro de 2015

[27] CLAY, Rebecca A. 2001. O verde é bom para si. In American Psychological Association [online]. 2001, vol. 5, no. 2. online<http://www.apa.org/monitor/apr01/greengood.aspx > Retrieved: 4 de fevereiro de 2015

[28] GETTER, Kristin L. - ROWE, Bradley. 2006. O papel dos telhados verdes extensivos no desenvolvimento sustentável. In HotScience [online]. 2006, vol. 41, no. 5. online <https://www.msu.edu/course/atm/431/Low mpact/Getter% 20HS%20Review%20Aug%2006.pdf> Retrieved: 28 de janeiro de 2015

[29] GRINDE, Bjorn - PATIL, Grete G. 2009. Biofilia: Does Visual Contact with Nature Impact on Health and Well-Being? In International Journal of Environmental Research and Public Health [online]. 2009, vol. 6, no. 9. online <http://www.mdpi.com/1660-4601/6/9/2332> Retrieved: 4 de fevereiro de 2015

[30] HAN, Ke T. 2010. Uma exploração das relações entre as respostas a cenas naturais: Beleza cénica, preferência e restauração. Em Environment and behavior [online]. 2010, vol. 10, no. 3. online <http://eab.sagepub.com/content/42/2/243.full.pdf+html> Retrieved: 4 de fevereiro de 2015

[31] KAPLAN, Rachel. 1993. O papel da natureza no contexto do local de trabalho. In Landscape and urban planning [online]. 1993, vol. 26, no. 1-4. online <http://deepblue.lib.umich.edu/bitstream/handle/2027.42/30542/ 0000175.pdf?sequence=1> Retrieved: 4 de fevereiro de 2015

[32] KAPLAN, Stephen. 1995. Os benefícios restauradores da natureza: Toward an integrative framework. In Journal of Environmental Psychology [online]. 1995, vol. 15, no. 3. Online <http://willsull.net/resources/KaplanS1995.pdf> Retrieved: 4 de fevereiro de 2015

[33] KIRKBY, Miller. 1989. A natureza como refúgio em ambientes infantis. In Children's Environments Quarterly, [online]. 1989, vol. 6, no. 1. online <http://www.colorado.edu/journals/cye/6_1/NatureAsRefuge_Kirkby_Vol 6_1.pdf> Retrieved: 4 de fevereiro de 2015

[34] MOONEY, Patrick - NICELL, Lenore P. 1992. A importância do ambiente exterior para os residentes de alzheimer: Cuidados efectivos e gestão de riscos. In Healthcare management forum [em linha]. 1992, vol. 5, no. 2. online <http://www.ncbi.nlm.nih.gov/pubmed/10171068> Retrieved: 4 de fevereiro de 2015

[35] VAN PRAAG, Henriette. - CHRISTIE, Brian R. - SEJNOWSKI, Terrence J. - GAGE, Fred H. 1999. A corrida aumenta a neurogénese, a aprendizagem e a potenciação a longo prazo em ratos. In Proceedings of the National Academy of Sciences of the U.S.A., [online]. 1999, vol. 96, no. 23. online <17.02.2015 https://epc.lib.tuke.sk/PrehladPubl.aspx> Recuperado: 18 de fevereiro de 2015

[36] SHIBARA, Seiji - SUZUKI, Naoto. 2002. Effects of the Foliage Plant on Task

Performance and Mood. In Journal of environmental psychology [online]. 2002, vol. 22, no. 3. online <http://www.academia.edu/574012/Effects_of_the_foliage _plant_on_task_performance_and_mood> Retrieved: 4 de fevereiro de 2015

[37] TAYLOR, Andrea F. - KUO, Frances E. 2004. Um potencial tratamento natural para a perturbação de défice de atenção/hiperatividade: Evidências de um estudo nacional. In American Journal of Public Health [online]. 2004, vol. 94, no. 9. online <http://www.ncbi.nlm.nih.gov/pmc/articles/ PMC1448497/> Retrieved: 4 de fevereiro de 2015

[38] TAYLOR, Andrea F. - KUO, Frances E. 2009. Crianças com défice de atenção concentram-se melhor depois de um passeio no parque. In Journal of attention disorders [online]. 2009, vol. 12, no. 5. online <http://naturenurture.org.uk/pdf/greenspace%20 positively%20impacts%20on%20the%20effects%20of%20ADHD.pdf> Retrieved: 4 de fevereiro de 2015

[39] TAYLOR, Andrea F. - KUO, Frances E. - SULLIVAN, William C. 2001. Lidar com a DDA: The Surprising Connection to Green Play Settings. In Environment and Behavior [online]. 2001, vol. 33, no. 1. online <http://naturenurture.org.uk /pdf/greenspace%20positively%20impacts%20on%20the%20effects%20 of%20ADHD.pdf> Retrieved: 4 de fevereiro de 2015

[40] TENNESSEN, Carolyn M. - CIMPRICH, Bernadine. 1995. Vistas para a natureza. Effects on Attention. In Journal of Environmental Psychology, [online]. 1995, vol. 15, no. 1. online <http://www.sciencedirect.com/ science/article/pii/0272494495900160> Retrieved: 4 de fevereiro de 2015

[41] THURING, Christine E. - BERGHAGE, Robert D. - BEATTIE, David J. 2010. Respostas das plantas de cobertura verde a diferentes tipos e profundidades de substrato em várias condições de seca. Em HortTechnology [online]. 2010, vol. 20, no. 20. online <http://horttech.ashspublications.Org/content/20/2/395. full> Retrieved: 28 de janeiro de 2015

ONLINE

[42] BENFIELD, Kaid (2012), Toronto's leadership for green roofs, online: <http://switchboard.nrdc.org/blogs/kbenfield/torontos_leadership_for_gre en.htm> Retrieved: 5 de fevereiro de 2015

[43] BOHLIG, Kirsten - BOHLIG, Timo (2013), Turf church of Vidimyri - Vidimyrarkirkja - Iceland, online: <http://amazingtemples.com/location/ europe/turf-church-vidimyrarkirkja/> Retrieved: 6 de fevereiro de 2015

[44] DOSTALOVA, Jitka (2015), Green roof as a part of the ecological rain water management, online: <http://www.optigreen.cz/News/2.html> Retrieved: 17 de fevereiro de 2015

[45] FAIRS, Marcus (2008), California academy of science by Renzo Piano, online:<http://www.dezeen.com/2008/10/03/california-academy-of-sciences-by-renzo-piano/> Retrieved: 28 de janeiro de 2015

[46] DAVIS, John (2004), Psychological benefits of nature experiences: An outline of research and theory, online: <http://www.soulcraft.co/essays/ PSYCHOLOGICAL_BENEFITS_OF_NATURE_EXPERIENCES.pdf> Retrieved: 4

de fevereiro de 2015

[47] HEFFERNAN, Sean (2013), História de um polegar verde: The Hanging Gardens, online: <http://www.ambius.com/blog/history-of-a-green-thumb- the-hanging-gardens/> Retrieved: 6 de fevereiro de 2015

[48] HOHENADEL, Kristin (2013), Replanting the world's concrete jungles, one wall at a time, online:<http://www.slate.com/blogs/the_eye/ 2013/09/18/patrick_blanc_s_newest_vertical_garden_greening_urban_w alls_around_the_world.html> Retrieved: 28 de janeiro de 2015

[49] LEHRER, Jonah (2009), How the city hurts your brain - And what you can do about it, online: <http://www.treehugger.com/sustainable-product- design/green-roofs-now-required-by-law-in-copenhagen.html> Retrieved: 5 de fevereiro de 2015

[50] MCCOLLEY, Aaron (2010), Human's responsibility to the earth essay, online: <http://www.scribd.com/doc/41948411/Human-s-Responsibility- to-the-Earth-Essay#scribd> Retrieved: 6 de fevereiro de 2015

[51] MERCHANT, Brian (2010), Green roofs now required by law in Copenhagen, online: <http://www.boston.com/bostonglobe/ideas/articles/ 2009/01/04/how_the_city_hurts_your_brain/> Retrieved: 4 de fevereiro de 2015

[52] NAKANO, Michelle - ROUSSEAU, Nicolas - HENDERSON, Deborah (2013), Green roof plants: Establishment, variability and maintenance, online: <http://bclna.com/files/2013/05/Set-B-Green-Roof-Plants-Final-Report_Kwantlen.pdf> Retrieved: 28 de janeiro de 2015

[53] OCKO, Illissa (2013), Como os humanos são responsáveis pelo aquecimento global?, online:<http://www.edf.org/climate/human-activity-is-causing globalwarming> Retrieved: 6 de fevereiro de 2015

[54] SÉGUIN Marie-Laure (2014), Going vertical: The history of green walls, online: <http://landarchs.com/vertical/> Retrieved: 28 de janeiro de 2015

[55] SOMERVILLE, Nancy C. - COUNTS, Christopher - VAN VALKENBURGH Michael (2007), O telhado verde da sede da ASLA. In: Greening rooftops for sustainable communities, online: <http://www.asla.org/uploadedFiles/CMS/Green_Roof/SustainabilityWith Style.pdf> Retrieved: 28 de janeiro de 2015

[56] VELAZQUEZ, Linda S. (2005), Organic greenroof architecture: Sustainable design for the new millenium, online: < http://www. greenroofs.com/pdfs/news-EQM_VelazquezPart1.pdf> Retrieved: 28 de janeiro de 2015

[57] WOLF, Kathleen - FLORA, Katrina (2010), Mental health and function, online: <http://depts.washington.edu/hhwb/Thm_Mental.html> Retrieved: 4 de fevereiro de 2015

[58] YONEDA, Yuka (2011), Waldspirale is a Curvy Rainbow Colored Apartment with a Forest on Top, online: <http://inhabitat.com/waldspirale-is-a-curvy-rainbow-colored-apartment- with-a-forest-on-top/> Retrieved: 5 de fevereiro de 2015

Printed by Books on Demand GmbH, Norderstedt / Germany